QUAND LA LUMIÈRE S'ESTOMPE, L'ESPOIR DEMEURE

Éclairer le chemin à travers les moments sombres de la vie

Willy Gakunzi

10-10-10
Publishing

QUAND LA LUMIÈRE
S'ESTOMPE, L'ESPOIR DEMEURE :
Éclairer le chemin à travers les moments sombres de la vie
www.whenlightfadesawayhoperemains.com
Copyright © 2023 Willy Gakunzi

Broché ISBN: 978-1-77277-695-9
Couverture rigide ISBN: 978-1-77277-696-6

Éditeur
10-10-10 Publishing
Markham, ON Canada

Imprimé au Canada et aux États-Unis d'Amérique

Dédié à :
Dieu, source de la vraie lumière.
Kayla et Shayna Gakunzi.
Votre amour et votre résilience sont exceptionnels.
Je suis ce que je suis aujourd'hui parce que
je vous ai dans ma vie.
Je suis fier d'être votre père !
Amour, souvenirs et la lumière que nous portons.
Votre impact survit à votre existence physique.

Table Des Matières

Remerciements

J'ai BEAUCOUP compté sur d'autres personnes au cours de la rédaction de ce mémoire. Je n'aurais pas trouvé le courage de prendre un stylo et de m'asseoir pour documenter mon parcours de vie d'une manière ouverte et vulnérable, si je n'avais pas reçu les encouragements, la motivation et beaucoup de grâce de la part de mes amis et de ma famille. Certains d'entre vous seront peut-être surpris de savoir que votre contribution a eu un impact indescriptible sur moi. Je vous remercie tous pour votre soutien constant. Je ferai de mon mieux pour vous remercier de manière aussi détaillée que possible.

Avant toute autre chose, je dois remercier DIEU, celui qui donne et soutient ma vie. Sa grâce et sa miséricorde envers moi se renouvellent chaque matin. Je lui en serai toujours reconnaissant !

Deuxièmement, je suis reconnaissant à mes deux magnifiques filles, **Kayla** et **Shayna**, qui ont été indispensables tout au long du processus. Vous avez toutes deux joué tous les rôles qu'une personne peut jouer dans la rédaction de ce livre : vous m'avez demandé sur quoi j'écrivais et pourquoi j'écrivais, vous m'avez rappelé de dormir à l'heure, vous avez mis un sourire sur mon visage lorsque les émotions étaient lourdes et vous avez contribué à mon inspiration. Il n'est pas exagéré de dire que ce livre ne serait pas le même sans votre participation au processus ; le livre n'existerait peut-être pas du tout. Je vous remercie !

À ma mère, **Nyirankamirwa,** et à mes frères, **Rwigemera, Mutware, Albert, Jules, Aimable, Jimmy, Thierry** et l'ensemble de la famille **Makuza**, merci pour votre soutien avant et pendant le processus de rédaction de ce mémoire. Je n'aurais pas été la personne que je suis aujourd'hui sans les prières de ma mère et l'amour inconditionnel de ma famille, que je l'aie reconnu ou que je l'aie considéré comme allant de soi. Merci à ma famille pour sa résilience. Mon frère **Jules**, tu as toujours été une source d'inspiration et un modèle à suivre. Des histoires sur la vie en ville, qui m'étaient imaginaires à l'époque où tu les racontais, à ton sacrifice généreux pour m'assurer un accès à l'éducation, tu as été le frère dans l'adversité et un pilier sur lequel j'ai pu m'appuyer. Papa **Sterken**, maman **Dea** et sœur **Jacoline**, je suis reconnaissant d'avoir été adopté par votre famille, qui est devenue la mienne. Je suis tellement reconnaissant à Dieu d'avoir orchestré ma vie comme il l'a fait, ce qui m'a amené à vous rencontrer et à devenir une famille. Papa, tu as été un père là où mon père biologique n'a pas pu l'être, et je sais qu'il est fier de toi. Sœur Jaco, les mots me manqueraient pour parler de toi. Merci !

Ma profonde reconnaissance s'étend à tonton **Malic** et à tata **Gertrude** ; merci de nous avoir crus, aimés et soutenus pendant toutes ces années. Vous avez joué et continuez à jouer votre rôle de parent pour moi et les filles de manière exceptionnelle. Sœur **Claudine**, merci d'avoir été à nos côtés et d'avoir accepté de contribuer à ce mémoire.

Je suis reconnaissant à tous mes amis qui m'ont influencé et stimulé d'une manière ou d'une autre. **Dr Ruvebana** et **Apolline**, merci pour votre fraternité et votre sororité. Votre révision, votre contribution au contenu du livre, vos mots d'appréciation et vos commentaires critiques ont joué un rôle monumental dans la naissance de ce livre. **John** et **Darlene,** merci d'avoir parcouru avec moi, pendant toutes ces années, ce sentier qu'on appelle la vie. Vos commentaires constructifs et votre contribution à ce mémoire l'ont rendu encore plus équilibré. **Pasteur Edouard** et **Irène,** merci pour le temps que nous avons passé à nous former mutuellement alors que nous naviguions dans la vie ensemble en tant que jeunes couples. **Gody** et **Landry,** votre amour et amitié sont la définition même de ce qu'est une amitié à vie. Mon frère **Ben Tumwine,** ton amitié a passé l'épreuve du temps et de la distance. Merci pour les souvenirs créés à Groningen et après. **Dr. Semwogerere** et **Peace, Andrew** et **Barbara, Mugarura et Dorcas,** merci d'avoir été de vrais et authentiques amis au cours des cinq dernières années. Les dîners rotationnels prolongés et tardifs, les rires et les discussions ont été les piliers les plus solides sur lesquels je me suis appuyé pour surmonter le deuil et le processus d'écriture de ce mémoire. Merci d'avoir accepté de faire partie de nos vies. **Pasteur Maombi** et **Ruphin,** vous avez été la couverture dont j'avais besoin lorsque la saison hivernale a frappé à ma porte. Pasteur Maombi, merci pour les nuits tardives et les prières. Tes encouragements tout au long du processus ont été un puissant catalyseur qui a permis à ce mémoire de voir le jour. **Pamela** et **Armand,** ma sœur d'une autre mère et mon beau-frère, votre amour et votre amitié ont été l'une des bénédictions dont je suis fier. Merci, Pamela, pour les longues et vraies discussions ; merci de m'avoir poussé à dépasser mes limites. Mes très chers **Elsa** et **Olivier,** votre amitié et votre niveau d'admiration me laissent humblement reconnaissant. Vos encouragements dans cette entreprise ont été déterminants. À ma sœur, **Dr Titi,** merci pour votre soutien continu ; depuis le premier jour, vous avez été une supportrice inébranlable de toutes mes initiatives. Je vous remercie !

À ma sœur **Yvonne** et à mon frère **Jared,** il y a des gens que le ciel place sur notre chemin au bon moment et au bon endroit. Vous êtes ces personnes pour moi et les filles. Un merci ne suffit pas !

Je suis reconnaissant à mes sœurs **Suzanne** et **Marion.** Merci pour votre soutien, vos encouragements et vos conseils lors de l'élaboration des projets qui ont précédé ce mémoire. Votre soutien continu en matière d'expertise et votre cœur d'adoratrice sont quelques-uns des traits que j'imiterai toujours pour avoir de l'impact.

Ce livre n'existerait pas cette année, sans les encouragements et la motivation de ma sœur **Barbara** et de mon frère **Obed.** Barbara a été la première personne à me demander pourquoi je n'écrivais pas de livre, et je lui ai promis de commencer à rédiger ma première ébauche (j'avais déjà commencé à écrire de manière isolée, notamment les lettres d'amour, comme vous le lirez ci-dessous) en mars. Merci de m'avoir fait respecter mon engagement. Frère Obed, tes commentaires critiques et directs étaient ce dont j'avais besoin dans la phase critique du processus d'écriture. Merci d'avoir osé me lancer des défis, sans filtre.

Je suis également reconnaissant à la communauté de **Church on the Queensway.** Au **pasteur Billy,** mon pasteur principal, ton enseignement de la parole et ton leadership sont un pilier solide sur lequel je m'appuie depuis six ans que je fréquente l'église et que je sers sous votre direction. **Pasteur Roger,** ton mentorat, ton cœur de service et ta richesse de connaissances lorsqu'il s'agit de servir les personnes vulnérables ont été un puits profond dans lequel j'ai pu puiser. Merci de m'avoir encadré et d'avoir soutenu mes initiatives. À l'équipe pastorale, le **pasteur Ed, le pasteur Dawson, le pasteur Arthur, le pasteur Sarah, le pasteur Saundra, le pasteur Brandon, le pasteur Ebe et le pasteur Ron,** vous avez tous eu un impact sur ma vie et celle de ma famille à bien des égards. Merci d'avoir permis à Dieu de vous utiliser pour influencer de nombreuses personnes.

À mon directeur de musique, le **pasteur Kibwe,** merci pour ton talent extrême et ton cœur très modeste dans tous les domaines. Merci d'avoir cru en mon talent lorsque nous avons enregistré et produit la toute première chanson que j'ai jamais sortie. À toute l'équipe dirigeante, aux sœurs **Vanessa** et **Sulleyma,** merci pour votre inspiration. À toute l'équipe, je ne vous remercierai jamais assez. Vous avez tous été la synergie qui a rendu ce voyage possible. Votre talent musical est incomparable.

À l'apôtre **Joshua Selman,** vous avez influencé et inspiré ma vie par votre enseignement transformationnel holistique. Oui, vous avez dévoilé la lumière qui a illuminé ma vie. Merci d'être le puissant vaisseau par lequel de nombreuses vies sont touchées !

À l'apôtre **Dr. Gitwaza,** merci pour votre amitié, vos enseignements et la contribution que vous avez apportés à la vie de ma famille. Je chérirai toujours la visite que vous nous avez rendue à la maison, même après un week-end de conférence très chargé. Vous êtes un véritable leader !

À l'apôtre **Mignonne,** je suis reconnaissant pour votre cœur de mère. Votre appel lorsque mon cœur était lourd comme une pierre et que personne ne semblait comprendre, sera toujours quelque chose que je chéris dans mon cœur. Merci d'avoir accepté d'être un instrument à travers lequel j'ai pu étancher ma soif pendant cette saison particulière. Le monde a besoin de mères comme vous !

À **Helen Chu,** merci pour tes services exceptionnels et ton amitié. Tes encouragements et tes conseils m'ont aidé à faire mon choix et à oser acquérir une propriété lorsque cela semblait impossible. J'aurai toujours besoin de tes services.

À ma communauté de travail, aux anciens et actuels dirigeants du FRR, je vous remercie pour votre leadership. **Claudio, Doug, Darin** et **Jeff,** je vous suis très reconnaissant de l'environnement que vous créez qui me permet d'exceller dans mes responsabilités. Je remercie tout particulièrement **Erik Shaub** pour le mentorat et la confiance qu'il m'a accordé dès le premier jour. Ton soutien et ton leadership exemplaire au cours de la dernière décennie ont joué un rôle déterminant dans ma carrière. Je t'en serai toujours reconnaissant. À **Paul Donaldson,** mon ancien directeur et actuel pair, tu m'as appris ce qu'est le leadership. Je te remercie pour ta contribution à ma carrière et à ma vie personnelle au cours des cinq dernières années. Je te dois une amitié éternelle. Je suis également reconnaissant à l'ensemble de la direction de Wolters Kluwer ; **Nancy et Karen,** votre leadership a fait de mon expérience chez Wolters Kluwer un voyage intéressant et utile.

À mon équipe, **Majid, Ashish, Chris, Naresh, Ganesh,** et à ceux qui ont pris d'autres responsabilités, le fait de travailler avec vous m'a constamment permis de devenir une meilleure personne. Vos connaissances et votre créativité ont été le moteur qui m'a permis de remporter le prix GRC CEO Award pour 2021. Je vous remercie ! À mes pairs du monde entier, je vous remercie pour toutes vos contributions.

À mon éditeur, **Raymond Aaron,** je vous remercie d'avoir fait de cette expérience d'écriture un processus sans heurts. Vos conseils et votre encadrement ont rendu cet ouvrage possible. Je vous remercie d'avoir rédigé la préface de ce mémoire.

Préface

Dans la tapisserie de l'expérience humaine, des fils sont tissés à partir de moments de joie et de tristesse, d'amour et de perte, de triomphe et de défaite. La vie, telle une toile, se révèle à travers une myriade de nuances de lumière et d'obscurité. C'est dans ces interactions que votre histoire trouve sa raison d'être. *Quand la lumière s'estompe, l'espoir demeure,* plonge dans cette tapisserie complexe, vous invitant à vous embarquer dans un voyage qui explore la profonde résilience de votre esprit humain.

À une époque où l'incertitude et les défis projettent souvent leur ombre, les mots de Willy deviennent un phare qui vous guide dans les couloirs labyrinthiques de vos propres émotions. Ce livre n'est pas seulement une collection d'anecdotes ; c'est un sanctuaire pour le cœur, un endroit où la douleur est reconnue, l'espoir nourri et la beauté de la persévérance célébrée.

Au fil des pages de *Quand la lumière s'estompe, l'espoir demeure,* Willy vous emmène en pèlerinage à travers les hauts et les bas de la vie. Chaque chapitre dévoile une nouvelle facette de l'expérience humaine. La vulnérabilité brute avec laquelle Willy partage ses histoires personnelles créera un lien intime entre vous deux. Les thèmes universels de la perte, du chagrin d'amour et de l'adversité sont abordés avec courage, sagesse et une conviction inébranlable que même dans les moments les plus sombres, une lueur d'espoir subsiste.

La voix narrative de Willy est un baume apaisant pour votre âme blessée. Avec une prose éloquente et un esprit compatissant, l'auteur traverse les paysages du deuil, vous permettant non seulement d'être témoin de la douleur, mais aussi de trouver du réconfort dans la reconnaissance du fait que vous n'êtes jamais seul dans vos luttes. Les histoires partagées ici ne sont pas destinées à rester uniquement dans le domaine de la tristesse ; au contraire, elles allument une flamme de résilience qui danse brillamment sur la toile de fond des défis de la vie.

En tournant les pages de ce livre, préparez-vous à confronter ses propres vulnérabilités et aspirations. Laissez-vous envahir par les mots de Willy, qui vous rappellent que même face à l'adversité, l'espoir est une force indomptable qui peut illuminer même les coins les plus sombres de votre existence. *Quand la lumière s'estompe, l'espoir demeure* est une ode à la capacité de votre esprit à endurer, à se transformer et à s'élever au-dessus des ombres. À travers ces pages, Willy vous tend la main, vous invitant à embarquer pour un voyage commun vers la guérison, la force et la conviction inébranlable que l'espoir est un compagnon constant, qui vous guide à travers les chapitres les plus difficiles de la vie.

Dans un monde qui semble souvent fragmenté, ce livre vous rappelle de manière poignante que vous faites partie d'une histoire collective, tissée par les fils de l'expérience, de l'émotion et du pouvoir durable de l'espoir. Alors, au moment d'entamer ce voyage transformateur, laissez-vous captiver par les histoires qu'il contient et découvrez, comme Willy, que même au milieu d'une lumière déclinante, l'espoir reste votre plus grande source de force.

Raymond Aaron
Auteur classé parmi les best-sellers du New York Times

"Dès que j'ai entendu ma première histoire d'amour, J'ai commencé à te chercher, sans savoir combien j'étais aveugle. Les amoureux ne se rencontrent pas finalement quelque part. Ils sont l'un dans l'autre depuis toujours."
~ Rumi ~

Introduction

Mon Histoire

Il est environ 22 heures et il fait encore beau au cœur du printemps néerlandais. La journée a été longue avec quelques amis, qui ont quitté leurs terres natales à la recherche d'un avenir meilleur. Les raisons de ces exodes de jeunes hommes et femmes brillants peuvent s'expliquer par une multitude de causes. Certains ont fui leur pays à cause de persécutions de toutes sortes, issues de guerres, de violences domestiques, de génocides, de famines, etc. D'autres ont quitté leur pays pour des raisons économiques et/ou d'éducation. En tant que jeune sans espoir d'avenir, le seul espoir est de profiter de toutes les opportunités qui se présentent à ta porte dans l'espoir de trouver un pâturage plus vert ailleurs.

En 2003, je me suis retrouvé à demander l'asile aux Pays-Bas en raison des guerres qui se déroulaient dans mon pays natal, la République démocratique du Congo (RDC), et aussi pour des raisons économiques. Ma famille avait déménagé au Rwanda juste après le génocide contre les Tutsis en 1994, après que les effets de cet événement horrible et tragique se soient étendus en RDC. En quête d'espoir, j'ai trouvé le moyen de me rendre en Europe, aux Pays-Bas, et j'ai demandé l'asile. Je reviendrai plus en détail sur mon voyage aux Pays-Bas, qui m'a permis de rencontrer ma lumière, dans un autre chapitre plus tard.

Ce soir de mai 2004, je me suis retrouvé avec mon frère et ami de toujours, John, dans un pays étranger que je n'aurais jamais imaginé habiter. John et moi vivions alors dans un camp de réfugiés au pays de l'homme blanc. Nous avons décidé d'appeler notre ami, Édouard, que nous venions de localiser. Au cours de notre conversation, il a lâché quelque chose qui allait changer ma vie pour de bon.

Au fil de la conversation, notre ami Edouard nous a parlé d'une très belle jeune fille, craignant Dieu et bien élevée, qu'il avait rencontrée et qu'il aimerait que nous rencontrions un jour. Nous lui avons posé des questions sur cette magnifique âme, et comme les garçons parlent, nous avons passé un bon moment à ne parler que d'elle. À un moment donné de notre conversation en trio, j'ai dit que j'aimerais bien la rencontrer. La conversation s'est animée entre les garçons, car John et Edouard se sont moquaient de moi. Alors que nous continuions à parler d'elle, il y avait dans mon cœur un sentiment de bonheur que je ne comprenais pas vraiment. Pour conclure cette conversation entre garçons, nous avons tous conclu en plaisantant que si jamais j'étais intéressé, ils me soutiendraient et seraient heureux pour moi.

L'idée de rencontrer la dame magnifiquement décrite m'est restée en tête, et l'intérêt s'est accru au fil des jours. Jusqu'à ce soir-là, je n'avais jamais pensé à m'engager, sérieusement, dans une relation amoureuse. Au fur et à mesure que le temps passait, j'ai commencé à imaginer à quel point je serais heureux de trouver cette même personne telle qu'elle était décrite, et à quel point nous serions heureux ensemble. Deux jours plus tard, j'ai parlé à Edouard au téléphone et je lui ai demandé comment allait la belle. Je lui ai aussi demandé s'il pouvait me faire savoir la prochaine fois qu'il serait avec elle pour que je puisse lui parler sur son téléphone.

Dans les jours qui ont suivi, j'ai enfin réussi à parler à la mystérieuse et belle dame au téléphone. Je révélerai son nom plus tard ; accrochez-vous.

Dès ce premier appel, au fil de nos conversations, mon intérêt s'est accru de façon exponentielle et ma conviction s'est affermie. J'étais convaincu de tout mon cœur qu'elle serait ma femme, même si je ne l'avais pas encore rencontrée et que je n'avais pas encore vu sa photo. C'était avant Facebook et les autres plateformes de médias sociaux où tu peux traquer et découvrir qui est la personne avant de la rencontrer. Je me suis fié à la description de mon ami et à mon instinct.

Le 5 juin 2004, j'ai enfin rencontré l'être humain le plus pur que j'ai jamais rencontré. Plus pure en raison de la paix qu'elle procurait à ceux qui l'entouraient. Plus pure à cause de son sourire sincère et authentique. Plus pure à cause de son amour et de la conviction qu'elle avait de sa foi en Dieu. Je me souviens qu'elle portait une chemise noire, un pantalon marron et des sandales beiges. Nous nous sommes rencontrés lors d'un service religieux un samedi, et je devais chanter en jouant à la guitare acoustique. J'ai donné le meilleur de moi-même ce jour-là. Je me souviens d'avoir chanté la chanson « Above All » de Lenny LeBlanc. Après le service religieux, nous avons enfin pu nous saluer et nous présenter officielle-ment. Ce fut un humble début d'une histoire d'amour et de vie riche et pourtant pleine de défis.

En voyageant avec moi à travers les pages de ce mémoire, je partagerai avec vous la lumière qui a illuminé ma vie - la vie que la mort a éteinte de manière physique mais qui continue à briller à travers ma vie et celle de nos deux filles, et la vie de beaucoup de ceux qui sont entrés en contact avec elle. Je vous emmè-nerai dans un voyage de découverte de soi à travers l'amour, la perte, le chagrin et l'espoir qui rend la vie possible même après la mort de son autre moitié.

Je vais tenter et m'efforcer de partager mes espoirs à travers ces événements de la vie, que nous subissons tous sous de nombreuses formes et à différentes étapes de notre vie. Je vous promets également d'être vulnérable tout en parta-geant ce qui me semble important ; sinon, si je devais relater chaque événement, ce mémoire deviendrait une série de nombreux livres.

J'ai découvert la lumière en moi qui s'est allumée lorsque mon chemin a croisé celui de ma Princesse et a redéfini ma vie dans son intégralité. Je ne savais pas que l'amour pouvait être si pur et pourtant être écourté à l'apogée de la vie. Je ne savais pas qu'on pouvait aimer et être aimé à ce point, et pourtant trouver le courage de vivre après que la mort ait emporté la moitié de son cœur. Je ne savais pas que l'amour était plus puissant que la mort elle-même, au point de dévoiler les myriades de possibilités que la vie peut offrir au milieu du chagrin et de la perte. Lorsque cette expérience est bien comprise et vécue, elle peut donner vie à la vie elle-même.

Permettez-moi de vous remercier à l'avance de m'avoir permis de vous parler à travers les pages de ce livre. C'est un privilège et un honneur d'avoir votre attention alors que je partage l'histoire de ma vie avec vous ; soyez assurés que je ne considère pas cela comme acquis. Comme je l'ai déjà promis, je ferai de mon mieux pour partager mon parcours avec vous de la manière la plus ouverte et la plus vulnérable possible. Je serais ravi de continuer à avoir une conversation avec vous même après que nous ayons parlé à travers ces pages. Accrochez-vous ; j'ai besoin que vous restiez dans les parages pendant que nous naviguons tous les deux à travers ma lumière.

Allons-y.

La Genèse

Pourquoi J'ai Choisi D'écrire Ce Mémoire

Je suis perdu. Je suis dans l'obscurité totale. Je viens d'apprendre que ma lumière a été transportée d'urgence à l'hôpital dans une voiture d'ambulance paramédicale. J'étais loin de me douter que cinq heures après l'appel que j'ai reçu ce jeudi-là, à 15 h 53, le 8 novembre 2018, j'étais sur le point de vivre des douleurs atroces et des heures d'agonie que je ne souhaiterais à personne de vivre.

Mon esprit est gelé, je suis engourdi et je n'ai pas encore réalisé que ma vie allait être bouleversée d'une manière que je n'avais pas envisagée. Je n'étais pas préparée à vivre ce qui se passait.

Je suis sur une autoroute, en provenance de North York, un quartier au nord de Toronto, et je roule vers le Sud en direction du centre-ville de Toronto. J'écoute une chanson intitulée « You Made a Way », de Travis Greene. J'entends une voix qui m'appelle depuis la banquette arrière de ma voiture - mais je suis seul dans la voiture. La voix me pose une question étrange, avec de multiples sous-questions : Et si aujourd'hui était le dernier jour où vous verriez votre femme en vie ? Que direz-vous et comment vous comporterez-vous ? Qu'en est-il des rêves et des projets que vous avez, les vôtres et les siens réunis ? Les laisserez-vous se taire avec elle ?

J'ai entamé une conversation avec la voix, sans qu'une personne physique me parle, et ma réponse a été très claire et pleine de confiance : Je serai fort pour elle et pour nos petites princesses. Je lui rendrai hommage avec audace.

J'ai commencé à jouer dans mon esprit ce que j'allais dire comme discours d'adieu pendant que je conduisais (je partagerai ce discours plus tard dans les chapitres suivants). J'ai continué à répondre à ces questions et j'ai finalement dit : « Je ne permettrai pas que mes rêves et nos rêves soient réduits au silence avec elle. »

Cette conversation s'est déroulée comme si je regardais un film en direct sur l'écran. C'était surréaliste, mais en même temps, j'étais calme et paisible. Je n'ai pas pensé ou réalisé qu'il s'agissait d'une préparation et d'une répétition de ce qui allait se passer dans la vie réelle. J'ai poursuivi ma route en écoutant la même musique qui était en boucle : "You made a way when our backs were against the wall, and it looked as if it was over ; you made a way." (Vous avez tracé un chemin lorsque nous étions dos au mur et que tout semblait fini). Sans le savoir, cette chanson allait devenir l'histoire de ma vie et mon témoignage dans les heures, les jours, les semaines, les mois et les années qui ont suivi jusqu'à aujourd'hui.

J'ai poursuivi ma route dans le trafic de l'heure de pointe, sans vraiment comprendre ce qui se passait. Depuis ce jour, j'ai pris une décision sans équivoque : tant que j'aurai de la vie en moi, je me viderai de toutes les richesses et de tout le potentiel dont le créateur m'a doté. Je me viderai en réalisant et en accomplissant les projets et les rêves que j'ai partagés avec ma lumière, car je ne crois pas aux rencontres hasardeuses de la vie.

Ce livre est une façon de me déverser et de partager ma lumière et mes rêves avec vous, dans l'espoir que vous en tirerez de la valeur et que vous vous efforcerez de vivre une vie axée sur les résultats, une vie avec un but. Au moment où j'écris ces pages, cela fait quatre ans, ce sera cinq ans dans quelques mois, que la lumière de ma vie a été physiquement éteinte et sa voix réduite au silence, mais comme je l'ai promis lors de ma conversation avec mon interlocuteur invisible, la lumière continue de briller et d'illuminer mon monde à travers les souvenirs et le travail que nous accomplissons.

Ce livre est l'une des nombreuses initiatives que j'ai prises pour me vider de moi-même avant de rejoindre les myriades de ceux qui nous ont précédés. C'est aussi un testament de l'espoir que nous avons, qui vient de la vraie lumière qui transforme nos vies et nous permet de vivre dans l'espoir et la paix, même lorsque la vie nous en refuse le droit. Je vous encourage à explorer tous les moyens possibles pour ne pas quitter cette partie de l'éternité avec des livres, des chansons, des entreprises, des projets, etc. inachevés. Et j'espère et je prie pour que tout ce dont vous avez été doté serve l'humanité de votre vivant, et à travers ceux que vous aurez éclairés tout au long de votre parcours de vie.

Restez avec moi !

PREMIÈRE PARTIE

LE VOYAGE VERS MA LUMIÈRE

*"Je suis un homme simple.
J'ai grandi dans une petite ville.
Je viens d'un milieu modeste.
Je n'ai pas de cuillère en argent."*
~ Robin S. Sharma~

Chapitre 1

Des Débuts Modestes

Je vous remercie d'être resté avec moi jusqu'ici. Ce n'est que le début d'un voyage qui, au fil des pages de ce mémoire, vous fera découvrir mon amour, mes pertes, mon chagrin, ma guérison et ma découverte de moi-même. C'est avec humilité et enthousiasme que j'espère que nous aurons une conversation honnête et profonde, et que nos lumières seront ravivées pour qu'elles brillent et donnent espoir à de nombreuses vies à nouveau.

Vous vous demandez peut-être comment l'histoire de la rencontre avec ma lumière a commencé aux Pays-Bas et dans un camp de réfugiés. Comment nous sommes-nous retrouvés, elle et moi, dans cette situation ? Ce chapitre vous donnera un aperçu de mes premières années et vous expliquera comment je me suis retrouvé aux Pays-Bas. Je crois que nos vies sont orchestrées par et à travers des événements de la vie que, dans de nombreux cas, nous ne contrôlons pas. Sans le savoir, ces événements nous font entrer dans les prochains chapitres de nos vies.

Villageois À La Base

Je suis né au Zaïre, actuellement la République démocratique du Congo. La région où je suis né était, et est toujours dans une certaine mesure, une région éloignée du monde civilisé, et c'est une terre vierge avec de la verdure, de la nature, une riche biodiversité, et des gens qui vivent un style de vie très modeste, authentique et primitif, du moins jusqu'au début de l'an 2000.

Lorsque je grandissais, dans les années 80, ma vie pouvait se résumer à une vie très positive et sans problèmes. Les larmes de mon enfance dont je me souviens étaient dues à la disparition des veaux lorsque nous étions distraits par les jeux des garçons du village, comme courir sur les collines, nager dans les rivières et jouer au football. En tant que jeune homme dans ma culture, ma tâche principale, avant et après l'école, était de m'occuper des veaux, de m'assurer qu'on les emmenait chercher de l'eau, qu'ils dormaient à l'ombre et qu'on les ramenait dans l'enclos vers le coucher du soleil, avant que leurs mères ne reviennent du pâturage.

Je ne me souciais pas de regarder la télévision ou de jouer à des jeux vidéo, tout simplement parce que cela m'était inconnu. Mon passe-temps était de jouer au football pieds nus, de nager dans les rivières, de grimper sur les arbres pour trouver la nature et les fruits sauvages, et de garder les troupeaux de ma famille. Telles étaient mes activités jusqu'à ce que j'atteigne l'âge d'aller à l'école, c'est-à-dire entre 6 et 7 ans.

Il y avait un critère pour savoir si vous étiez prêt à aller à l'école. Tant que vous ne pouviez pas toucher votre autre oreille en passant votre bras au-dessus tête, vous étiez considéré comme trop jeune pour aller à l'école. Le jour où vous pouviez toucher votre autre oreille, vous étiez en âge d'aller à l'école. Je me demande si certains enfants allaient à l'école plus tôt et d'autres plus tard, en fonction de leur taille. Avec une mémoire qui s'estompe, je me souviens d'être allé à l'école la première année, mais ensuite je n'y suis plus allé et je ne suis pas sûr de savoir quelle en était la raison. Il se peut que lorsque je suis arrivé à l'école, l'enseignant m'ait testé à l'aide de ce bâton de mesure et ait décidé que j'étais encore trop jeune pour aller à l'école. C'était une bonne nouvelle pour un garçon à l'époque, car cela signifiait plus de temps pour jouer dans la nature sans le contrôle d'un adulte. L'année suivante, je suis retourné à l'école et, si je me souviens bien, c'est en 1987 que je suis entré en première primaire.

Oui, en première primaire, pas en maternelle. Je n'ai pas fréquenté de garderie ni d'école maternelle. Ce sont des concepts qui n'existaient pas, et qui n'existent toujours pas dans ma haute terre natale, Mulenge, en République démocratique du Congo.

Je reviendrai plus en détail sur mon voyage d'étude dans les chapitres suivants. Toutefois, dans l'intérêt de cette première discussion introductive, les années qui ont suivi ont été pleines d'émotions mitigées. Je ne comprends toujours pas comment j'ai réussi à en arriver ici et devenir quelqu'un, lorsque je repense à l'état du système éducatif. Imaginez que mon premier contact avec l'eau courante, l'électricité et le courant, les livres et autres matériels éducatifs, n'a eu lieu que lorsque j'étais à l'école secondaire. Accrochez-vous, j'y reviendrai plus en détail. Cela dit, je ne peux que dire que les circonstances actuelles de la vie ne doivent en aucun cas être utilisées comme une prédiction de ce que sera la vie d'un individu demain. Nous jugeons souvent l'avenir des gens sur la base de références erronées - les circonstances d'aujourd'hui - ce qui peut nous conduire à agir de la mauvaise manière envers ceux que nous percevons à travers les lentilles d'aujourd'hui. J'ai découvert que les réalisations admirées aujourd'hui ne peuvent en aucun cas être comparées à celles que nous n'avons pas encore vues. C'est pourquoi j'ai appris à honorer tous ceux qui croisent mon chemin.

Famille

Je n'ai pas beaucoup de souvenirs de ma petite enfance, comme des photos ou des images vidéo, si ce n'est le souvenir merveilleux et estompé d'une vie naturelle et sans problèmes. Je suis né dans une famille de 10 frères et sœurs. Imaginez un peu ce qu'a pu être ce foyer pour mes parents. Mes parents avaient donné la vie à 9 garçons et 1 fille. Les quatre premiers étaient des garçons, puis une fille, et cinq autres garçons. Je suis né le numéro 9.

Étant l'un des plus jeunes de la famille, il y a beaucoup de choses que je n'ai pas eu l'occasion de connaître. La cinquième née, qui était la seule fille, m'a-t-on dit, est décédée alors qu'elle avait environ un an. Et mon frère, qui m'a précédé, n'a pas non plus atteint l'âge de bambin. Je ne me souviens pas non plus avoir vécu avec mes frères aînés sous le même toit. Au moment où j'ai pu donner un sens à la vie, mes 3 frères aînés étaient déjà mariés. En fait, leurs femmes étaient mes baby-sitters ! Je me souviens avoir grandi avec mon jeune frère et le 6ème dans l'ordre de naissance. Le 7ème dans l'ordre de naissance était chez ma grand-mère. Je me souviens à peine qu'il vivait avec nous à la maison.

Un autre souvenir que je n'ai pas eu la chance de construire est celui de mon père. Mon père, le pasteur Philippe Makuza, est décédé alors que je n'avais que deux ans. Je ne me souviens pas comment c'était d'être dans une maison avec mes deux parents. On m'a dit que nous étions très proches, à tel point que dans les jours qui ont suivi son décès, je ne permettais à personne de s'asseoir sur sa chaise à l'église. Apparemment, j'étais déterminé et je croyais fermement que mon père allait revenir. En grandissant - on m'a raconté cette histoire - je restais dehors et je regardais le ciel, attendant de voir mon père revenir. À plusieurs reprises, je courais vers la maison dès que j'entendais le bruit d'un avion dans le ciel, et je criais, espérant que le pilote volerait suffisamment bas pour m'emmener avec lui dans le ciel afin de rencontrer et de ramener mon père.

Malgré ces souvenirs d'enfance inexistants, j'ai été élevé dans une famille très aimante et cohérente, avec une mère très forte et stricte qui nous a enseigné l'amour véritable et a veillé à ce que nous vivions des vies qu'elle et notre père n'ont pas eu l'occasion de vivre. L'amour dont j'ai fait l'expérience en tant qu'enfant – j'affirmerais avec un haut niveau de confiance que c'était la norme dans notre culture et notre environnement - n'était pas nécessairement verbal. Je ne me souviens pas que ma mère ou mes frères m'aient dit qu'ils m'aimaient. Je ne me souviens pas l'avoir dit en retour. Cependant, l'amour était vécu. Nous n'avions pas grand-chose en termes de biens matériels, mais nous étions là les uns pour les autres. Nous avions une société naturelle et intégrale qui rendait nos vies d'enfants douces et sans soucis. Je suis presque sûr que nos aînés en savaient plus que nous.

Nous avons vécu une vie d'enfants sans aucune pression extérieure. Nous n'étions pas exposés à ce qui se passait ailleurs, en dehors du village. Ce qui nous a permis de maintenir un niveau élevé d'amour de la communauté, en dépit d'un mode de vie modeste.

Communauté Pure

Dans ma communauté/société, notre principale source de nutriments était le lait et les légumes, notamment les haricots, le maïs et les pommes de terre cultivés à la maison. Les mères moulaient le maïs pour en faire de la farine qui servait à préparer l'ugali (un plat à base de farine de maïs, de manioc ou de blé), que nous mangions avec des légumes et/ou une sauce aux haricots. Je dois dire que les enfants étaient principalement nourris au lait : nous buvions le lait frais de la vache, matin et soir.

Nous vivions dans des huttes faites de bambou, de boue et d'herbe comme matériaux de construction. Ces modestes maisons étaient à la fois nos cuisines et, dans une certaine mesure, nos salles de séjour. Cependant, mon père étant un noble, il possédait deux maisons, l'une pour la cuisine qui servait également de chambre à coucher pour certains enfants, et une deuxième maison qui était notre lieu de vie. La seconde maison était la maison principale des parents et des jeunes enfants. Ces maisons ne fermaient pas à clé et n'étaient pas construites avec des matériaux durables ; cependant, il n'y a pas eu d'histoires de vols ou d'effractions. Les communautés vivaient en parfaite harmonie et les voisins étaient les gardiens les uns des autres. Les enfants jouaient dehors et mangeaient dans la maison où ils se trouvaient à l'heure du repas.

Je me souviens également que ma mère préparait de l'ugali et m'envoyait chez les voisins pour apporter de la sauce pour l'accompagner. C'était une pratique courante. Chaque jour, des enfants venaient chercher ceci ou cela. Vous ne deviez pas mourir de faim parce que vous manquiez d'une recette, et vous n'aviez même pas à réfléchir à deux fois avant de commencer à préparer le dîner. Les mères préparaient les repas avec ce qu'elles avaient à la maison et envoyaient les enfants chercher ce qui manquait.

Il en était de même pour le lait. Aucun foyer ne devait être privé de lait, qu'il ait une vache laitière ou non ; tout le village devait être bien approvisionné en lait. Dans de nombreuses circonstances, les familles empruntaient des vaches laitières à d'autres familles jusqu'à ce qu'elles puissent produire leur propre lait. Il y avait des gens pauvres qui n'avaient pas de vaches, mais tout le monde était approvisionné en lait. Dans ma culture, le lait et les vaches sont au cœur de notre santé et de notre richesse. En fait, jusqu'à présent, notre richesse se mesure en termes de vaches. Plus vous en avez, plus vous êtes riche.

Mon souvenir d'enfance communautaire est celui de la paix - sans violence, sans vol, avec beaucoup d'amour et d'harmonie non exprimés.

Sans Père

C'était en 1981, lors de la cérémonie de mariage de Rwigemera, mon frère aîné et premier né de nos parents. Mon père s'est levé pour faire son discours et a révélé l'alliance secrète qu'il avait conclue avec son créateur il y a plus de 30 ans. Ce jour-là, il a déclaré publiquement qu'il était prêt à terminer son voyage sur terre. Il avait fait la promesse à Dieu que lorsque son premier fils se marierait, il lui passerait le relais pour symboliser qu'il était prêt à rejoindre la nuée des nombreuses personnes qui étaient passés de l'autre côté de l'éternité. Après ce discours puissant et émouvant, il a remis sa Bible à son fils. Il a conclu son discours en disant « Je ne sais pas combien d'années il me reste à vivre, et je ne sais pas si Dieu veut toujours que je rentre chez moi immédiatement. Mais ce que j'avais promis s'est réalisé. Je suis prêt à rentrer chez moi, aujourd'hui, ou quand Dieu me rappellera à la maison ».

Au cours de l'année qui a suivi, ma mère m'a dit que Papa passait son temps à dormir sur le sol, à prier pour Maman et ses fils. Il disait à maman qu'il rentrait chez lui et qu'il voulait qu'elle soit forte et qu'elle reste là où nous vivions. Comme mon père était un pasteur ordonné de l'église, il a insisté auprès de sa femme pour qu'elle reste à l'église, comme s'il savait qu'il était en transition.

Le 30 novembre 1982, mon père a rendu son dernier souffle et est allé rejoindre son créateur. Un jour avant sa mort, il a appelé tous les responsables d'église de la région de Minembwe - c'est comme un district entier - et ils se sont tous rassemblés autour de lui pour lui faire leurs adieux. Il n'était pas malade ; son heure de rentrer à la maison était arrivée.

La nuit où papa est décédé, il était avec ma mère, son cousin et son frère. Il leur a demandé de l'aider à s'allonger et leur a dit que deux hommes étaient venus le chercher pour le ramener à la maison. Il a rendu l'âme et s'est reposé éternellement. Gardez cet événement à l'esprit ; nous verrons un événement similaire plus tard.

Grandir sans figure paternelle a été difficile et déroutant, car je ne comprenais pas pourquoi les autres enfants avaient un père alors que mes frères et moi-même n'en avions pas. Mais en raison de ma société et de ma culture, ainsi que de l'époque et de l'environnement dans lesquels nous vivions, je ne connaissais pas d'autres moyens de communiquer et d'expliquer ces dilemmes de la vie. J'ai vécu avec cette question et une perte que je n'ai pas eu l'occasion de pleurer. Cette perte non surmontée a engendré un amour et une appréciation extrêmes pour ma mère, mais je ne savais pas comment l'exprimer. C'est pourquoi j'ai développé très tôt un sens de responsabilités. Dès que j'ai pu donner un sens à la vie, j'ai décidé d'aider ma mère du mieux que je pouvais.

J'ai mentionné plus haut que les activités de nombreux garçons étaient centrées sur les vaches et leurs veaux. Cependant, je me suis retrouvé à faire des activités et des tâches qui étaient principalement effectuées par nos sœurs. Il s'agissait notamment de ramasser du bois de chauffage, d'aller chercher de l'eau et de moudre le maïs pour produire de la farine. J'ai également commencé à nettoyer l'enceinte de la maison avec mes belles-sœurs lorsque j'étais jeune garçon. J'ai découvert plus tard à quel point ces premières expériences m'avaient préparé à la vie que j'allais mener plus tard (nous y reviendrons dans d'autres chapitres).

Avec cette expérience de vie, mon père m'a manqué sans même que je le sache. Je n'avais pas sa mémoire, et on ne m'a pas dit ou appris comment vivre sans père. Je me souviens avoir reproché plus tard à mes frères aînés de ne pas avoir joué un rôle de père, mais j'ai fini par comprendre qu'ils avaient vécu des moments plus difficiles que moi, parce que notre père est décédé alors qu'ils avaient commencé à prendre des décisions difficiles et qu'ils avaient encore plus besoin de lui que moi (faute d'une meilleure description). La vie est devenue difficile sans notre père, qui était aussi un pilier noble et solide dans notre communauté au sens large.

Mon père faisait partie des premiers convertis au christianisme. Il s'agissait d'hommes et de femmes, dans certains cas, qui avaient été exposés aux civilisations extérieures. Mon père a appris à lire par un miracle surnaturel (je ne m'y attarderai pas, c'est un sujet de livre à part entière), et il a ensuite rencontré des missionnaires chrétiens qui lui ont donné une Bible et des livres de chants qui ont formalisé son niveau d'éducation. C'est une expérience que beaucoup d'hommes et de femmes ont vécue à la fin des années 1940 et au début des années 1950 sur le haut plateau de Mulenge. Un vent de réveil soufflait dans cette région et ceux qui en ont fait l'expérience ont ensuite été formés et sont devenus les pionniers du système éducatif qui a permis à la génération suivante d'accéder au monde extérieur.

Ce jeune et noble père de famille nombreuse, leader de la société, n'était plus. Il est parti alors qu'il n'avait que 42 ans. Son départ a laissé un grand vide dans notre famille, au point que mes trois frères aînés ont terminé leurs études secondaires avec difficulté. Mais grâce à son héritage, des portes se sont ouvertes et nous avons tous réussi à faire des études secondaires. J'ai été le premier à obtenir une maîtrise. Une référence biblique dit que la progéniture d'un homme juste ne sera pas oubliée sur la terre des vivants. Je peux témoigner que cela s'est avéré exact dans ma vie familiale. Après le départ de notre père, tout était contre nous. Comment une villageoise sans aucune éducation pouvait-elle élever 8 garçons et les envoyer à l'école tout en faisant face aux défis culturels de l'époque ? Je suis émerveillé par la façon dont Dieu trouve une façon de réaliser ses promesses, même lorsqu'elles semblent avoir été écourtées.

Au moment où j'écris cette section, mes huit frères sont en vie avec leurs familles. Ma mère a des petits-enfants et des arrière-petits-enfants. Makuza vit à travers eux tous. En vérité, lorsque la lumière que nous portons est pleinement comprise au point que nous vivons nos vies en fonction d'elle, cette même lumière profitera à de nombreuses générations.

Mon Parcours Éducatif

Comme je l'ai mentionné plus haut, j'ai grandi dans une région isolée, pratiquement sans contact avec les autres régions du pays et le reste du monde. Malgré l'éloignement de cette région, dont les habitants étaient tous des agriculteurs et des éleveurs, les parents qui avaient la possibilité d'accéder à l'éducation avaient apporté des écoles en raison du fort taux de pénétration du christianisme. À partir du milieu des années 1950, des écoles ont été construites et les familles ont commencé à permettre à leurs enfants de les fréquenter et de s'instruire, et au début des années 1970, la région comptait des diplômés universitaires.

Mon père, qui faisait partie des nobles de la région ayant accès au monde extérieur, a veillé à ce que tous mes frères aient accès à l'éducation. En fait, il a été l'un des pionniers de l'école primaire de Kakenge, la région où je suis né, où tous mes frères et moi-même avons commencé notre parcours scolaire. Lorsqu'il est décédé à l'automne 1982, tous mes frères, à l'exception de moi et de mon frère cadet, étaient scolarisés ; les quatre aînés étaient tous au lycée.

Son départ a coupé court les projets et les rêves qu'il avait pour ses garçons. Le premier né avait déjà quitté la maison pour poursuivre ses études dans la ville la plus proche, la ville de Baraka. Le deuxième et troisième enfant devaient également partir l'année suivante pour Bukavu, afin d'y poursuivre leurs études. Leur parcours scolaire a été bouleversé, car la famille a dû se réadapter pour survivre à cette perte.

Le moment est venu pour moi d'entrer à l'école. J'étais enthousiaste parce que mes camarades de classe allaient aussi à l'école. En même temps, cela perturbait mon temps libre pour jouer dans la nature. Je n'ai pas beaucoup de souvenirs de mes débuts à l'école, mais certaines choses sont restées gravées dans ma mémoire.

Je me souviens que nous devions tous porter des uniformes scolaires bleus et blancs. Nous devions nous lever très tôt pour effectuer les tâches matinales, notamment traire les vaches et nettoyer les mangeoires des veaux, puis nous marchions quelques minutes pour nous rendre à l'école. J'ai eu la chance que l'école soit située dans notre village. Je sais que beaucoup d'enfants devaient marcher plusieurs kilomètres pour aller à l'école.

Dès que nous arrivions à l'école, nous jouions au football, à la touche et nous courions beaucoup. Une fois la cloche sonnée, nous devions tous nous aligner par classe dans la cour de l'école. Ensuite, nous chantions l'hymne national du Zaïre. Nous mettions notre pouce droit sur le côté gauche de notre poitrine, juste au-dessus du cœur, comme symbole de loyauté envers le parti au pouvoir au Zaïre et le président. Il était interdit de bouger lorsque nous chantions l'hymne national. Après l'hymne national, nous chantions notre allégeance au parti au pouvoir. La chanson contenait une phrase qui se lisait comme suit : « C'est un gros mensonge pour ceux qui pensent que le parti au pouvoir aura une fin ; c'est un mensonge ». Les faits sont têtus, tout a une fin.

Un autre souvenir qui m'est resté jusqu'à aujourd'hui est le niveau de sévérité des enseignants. En tant qu'élèves, nous étions encouragés à poser des questions difficiles aux enseignants. Quant aux punitions, elles étaient plutôt strictes et extrêmes, impliquant des gifles et un agenouillement pendant un temps considérable. Même si cela peut paraître désagréable, cette expérience m'a permis de développer des traits positifs (je sais que c'est aussi le cas de mes camarades de classe). Nous avons appris à respecter les aînés, et en particulier à ne pas parler lorsqu'une personne âgée s'adresse à nous. Nous avons appris à nous concentrer et à être attentifs lorsqu'on nous confie des tâches.

En bref, malgré ces conditions difficiles, nous avons étudié et pris plaisir à le faire. Je n'étais pas le plus intelligent de la classe, mais je m'en sortais bien. Je n'ai jamais redoublé une classe et j'étais toujours dans les 10 premiers de la classe, et la plupart du temps dans les 5 premiers. À partir de la neuvième année, nous avons commencé à étudier les sciences et l'électronique, comme la notion de mouvement, mais nous n'avions même pas encore vu de vélo. Nous avions vu des voitures qui amenaient des militaires et des prêtres à la paroisse catholique voisine, mais je n'étais personnellement jamais monté à bord d'une voiture. Ainsi, tout au long de l'école primaire et du collège, notre éducation était de nature théorique, sans expérience, sans même être exposé à la matière que nous apprenions. Je me souviens encore des histoires que mon frère Jules, qui avait fait ses études à Bukavu avant de poursuivre son cursus universitaire à Lubumbashi, nous racontait. Chaque fois qu'il revenait au village pour les vacances, il nous racontait comment les choses se passaient dans les villes, et tout cela paraissait comme de la fiction dans mon esprit.

Mon premier contact avec les laboratoires et l'éducation expérimentale a eu lieu en 1994, lorsque nous avons déménagé au Rwanda après le génocide contre les Tutsis. Bien que le pays ait été presque entièrement détruit, le peu qui restait a été ma toute première rencontre avec l'éducation moderne et un mode de vie moderne en général. J'ai rejoint l'une des meilleures écoles du pays à l'époque : Le Groupe Scolaire Officiel de Butare (Astrida). C'est une école très réputée qui a formé les premiers élites de la région des Grands Lacs africains.

Étonnamment, je n'étais pas en retard par rapport à mes camarades de classe, qui venaient eux aussi de différentes régions d'Afrique, et à ceux qui étaient au Rwanda avant 1994. J'ai continué à avoir de bons résultats à l'école et j'ai obtenu une bourse d'études à l'université nationale du Rwanda, en faculté de sciences. J'ai ensuite poursuivi ma formation universitaire aux Pays-Bas (nous y reviendrons dans les chapitres suivants).

Communauté Apatride

Bien que j'aie grandi dans ce que j'appelle un tissu communautaire pur, au cours des années où j'ai commencé à donner un sens à la vie, les choses ont radicalement changé. J'ai entendu des histoires de personnes emprisonnées sans raison, de vaches et d'autres biens pris à la population par l'armée, et de discrimination dont ma communauté était victime parce que nous sommes Tutsis. J'étais très jeune, mais je me souviens qu'en 1990, les choses n'étaient plus comme avant. Ma communauté faisait l'objet d'une discrimination publique. Par conséquent, les jeunes de mon village ont commencé à rejoindre la lutte en cours pour libérer le Rwanda ; en même temps, la discrimination s'est accrue. Je me souviens également que les personnes âgées étaient attristées par ce qui se passait au Rwanda en suivant les nouvelles, et qu'elles étaient également très préoccupées par l'augmentation de la discrimination et la menace du génocide qui s'étendait à notre région.

Les souvenirs que j'ai des forces de l'ordre, des militaires et des policiers au Zaïre (aujourd'hui République démocratique du Congo) sont qu'ils étaient des personnes terrifiantes. Chaque fois qu'ils se présentaient, quelqu'un était emmené ou ses biens étaient pillés et emportés. Les adultes s'enfuyaient pour se mettre à l'abri si le temps le permettait, et les enfants restaient à la maison, espérant qu'il ne leur arriverait rien. Je ne comprenais vraiment pas pourquoi les personnes chargées de notre sécurité et de veiller à ce que tout le monde soit traité équitablement étaient les mêmes qui violaient les droits humains fondamentaux. Je me souviens de quelques événements dont j'ai été témoin avant de devenir adolescent.

Brûlé Avec Une Allumette

Le premier événement traumatisant que j'ai personnellement vécu au Zaïre s'est produit lorsque j'avais une dizaine d'années. Il était tard dans la nuit ; il devait être minuit passé, et ma mère, mon jeune frère et notre belle-sœur dormaient dans notre maison. Je me souviens avoir entendu du bruit dans la maison ; des gens criaient en lingala et en swahili. C'était tellement terrifiant que je me suis réveillée en tremblant, même si je ne savais pas ce qui se passait. Cela devait durer depuis un certain temps. J'avais passé une longue journée à l'école, à jouer dans la cour de récréation, à courir avec des amis dans la nature, et j'étais plongé dans un profond sommeil. Je me souviens avoir ouvert les yeux, mais je ne voyais rien, car leur torche lumineuse était en plein dans mon visage. Je ne me souviens pas de ce qui se disait, car j'étais trop jeune pour m'en rendre compte. Ils ont cassé tout ce qui se trouvait dans la maison et ont pris tout ce qu'ils pouvaient, y compris les ustensiles de cuisine et la nourriture. Jusqu'à aujourd'hui, je n'ai pas compris pourquoi cela s'est produit ni ce qu'ils cherchaient. Je n'ai jamais demandé à ma mère, et je ne pense même pas qu'elle ait compris ce qui s'est passé cette nuit-là.

Après avoir pris tout ce qu'ils pouvaient ramasser dans la maison, ils ont allumé une allumette et l'ont mise sur mes sourcils. Ils se sont assurés de laisser une marque sur mon visage. Je ne sais pas s'ils voulaient brûler la maison ou s'ils voulaient simplement faire du mal à ce petit garçon parce qu'ils n'ont trouvé aucun homme adulte dans la maison. J'ai encore la cicatrice de cette brûlure. La prochaine fois que vous me verrez, approchez-vous, vous la verrez. Je ne vous dirai pas de quel œil il s'agit, mais j'espère que vous pourrez l'observer de près et que vous la verrez.

Je ne me souviens pas où mes frères aînés étaient allés, car je ne me rappelle pas qu'ils étaient à la maison cette nuit-là. Maintenant que j'y pense, ils devaient savoir que ces terrifiantes forces de sécurité passaient par là et s'étaient cachés cette nuit-là, ce qui expliquerait pourquoi ma belle-sœur dormait avec nous cette nuit-là. Il était devenu courant que les gardiens de village annoncent la nouvelle et que tous les hommes, en particulier les jeunes, se cachent avant que le groupe militaire n'atteigne le village.

La communauté pure dans laquelle j'avais grandi était était plongée dans le chaos, causé par les mêmes personnes qui étaient censées la protéger. Les gens ont commencé à adopter des comportements qui n'étaient pas courants dans notre culture, comme comploter contre leurs voisins pour obtenir de l'argent, voler et même falsifier des raisons pour attirer des ennuis à d'autres, y compris l'emprisonnement.

Pris En Otage Pendant Des Heures

Le deuxième événement dont je me souviens, qui n'a pris tout son sens que plus tard, s'est produit en fin d'après-midi ensoleillée, après l'école. Dans notre culture, il était courant qu'après l'école, les garçons aillent s'occuper des veaux ou rejoignent les aînés, leurs pères, frères ou oncles, là où les vaches allaient paître. Cet après-midi-là, je suis allé avec mon oncle m'occuper du troupeau du village. Notre village se composait essentiellement de ma famille élargie : grands-parents, oncles et leurs familles, et ma famille. Nous étions à environ cinq kilomètres du village, et mon oncle et moi étions sur le point de rentrer à la maison. Nous étions derrière le troupeau qui suivait son chef. Il s'agissait soit d'une nouvelle vache mère qui était pressée de rentrer à la maison, soit d'un taureau qui menait et le reste du troupeau suivait. C'était l'une des meilleures sensations de notre vie d'éleveur : Le soleil se couche et vous êtes derrière un troupeau de vaches traditionnelles aux longues cornes, vous chantez pour elles et elles vous répondent. Comme cela me manque !

Soudain, nous avons vu un groupe de soldats avec des bagages remplis de toutes sortes de choses. Ils venaient de la direction opposée à la nôtre. Nous n'avions pas la possibilité de nous cacher ou de fuir car ils étaient si proches, et si nous avions essayé, ils n'auraient pas hésité à envoyer des balles dans notre direction ou vers nos vaches. Mon oncle m'a donc pris la main et m'a assuré que rien ne nous arriverait. D'une certaine manière, le fait qu'il soit avec moi m'a aidée. Bien que les choses aient mal tourné, à cette époque, au début des années 1990, les droits de l'enfant étaient encore un peu respectés. Ils nous ont forcés à porter leurs charges vers une destination que nous ne connaissions pas.

Ils m'ont donné un poulet vivant à porter, et nous avons marché pendant les cinq heures suivantes jusqu'à ce que nous arrivions à un endroit appelé Murusuku. C'était le village suivant après avoir traversé les montagnes de Mitumba ; il s'agit d'une grande zone montagneuse et de forêt dense qui culmine avec la forêt équatoriale dans la partie orientale de la République démocratique du Congo. Nous avons quitté l'endroit d'où ils nous ont pris vers 15 heures et nous sommes arrivés dans ce village vers 19 heures. Moi, un garçon de 12 ans, je portais un poulet vivant qu'ils avaient pris, probablement dans l'un des villages qu'ils avaient traversés.

Le lieutenant qui dirigeait le groupe a ordonné qu'ils nous laisser rentrer, car les habitants de ce village devaient continuer avec eux. Il nous a donné des bananes à manger sur le chemin du retour. Mon oncle et moi, ainsi qu'un autre homme qu'ils avaient ramené d'un village voisin, avons repris la marche pour rentrer à la maison. Il faisait nuit, dans une forêt tropicale dense, mais nous devions rentrer. Il n'y avait pas d'autre solution. De plus, chez nous, personne ne pouvait savoir ce qui nous était arrivé (même s'ils auraient pu soupçonner que nous avions été enlevés par les soi-disant militaires). Nous sommes arrivés à la maison tard dans la nuit, et je me souviens d'avoir trouvé ma mère tellement inquiète. Elle n'avait pas dormi, ne sachant pas où se trouvait son fils. Je crois que le voyage de retour a été plus long car mon oncle et l'autre homme ont dû me porter à travers les montagnes de Mitumba.

Devinez quoi ? Tout le troupeau était rentré à la maison, sain et sauf. Mais tout le village et toute la famille étaient terrifiés et attendaient notre retour.

Dieu est mon berger, et je ne manquerai de rien. Dans la nuit obscure, contre vents et marées, il me conduit vers les eaux tranquilles (Psaumes 23). Je ne comprends toujours pas ce qu'est devenu le pays du miel et du lait. Je ne comprends toujours pas pourquoi ce pays pour lequel mes ancêtres se sont battus et dans lequel ils reposent déteste encore ma communauté. Puisqu'il s'agit de mon histoire personnelle, je ne m'attarderai pas sur l'aspect sociétal, de peur d'écrire un autre livre en un seul !

Visiter Le Rwanda est Un Crime !

Cet événement montre à quel point le Zaïre s'est fourvoyé dans l'hostilité à l'égard des Tutsis du pays. Toute mention d'une quelconque relation avec le Rwanda, sous quelque forme que ce soit, était devenue un risque de procès. Cet événement, survenu au cours de l'été 1994, a été l'élément déclencheur de mon voyage qui allait me conduire aux Pays-Bas, où j'allais rencontrer « ma lumière ».

C'était la fin de l'été (je devrais dire la saison sèche car, en Afrique centrale, nous n'avons que des saisons sèches et des saisons des pluies, comme dans toutes les autres régions tropicales) ; je crois que c'était au mois d'août ou à peu près. C'était en 1994, après le génocide contre les Tutsis au Rwanda. J'avais 13 ans, j'allais en avoir 14, et je commençais à donner un sens aux choses que j'avais vécues, y compris les deux événements susmentionnés, mais je ne savais toujours pas pourquoi.

Alors que les événements tragiques se déroulaient au Rwanda, nous avons reçu quelques personnes qui avaient échappé au génocide. J'entendais à la radio des nouvelles sur ce qui se passait, et je voyais mes frères et mes aînés s'inquiéter, mais je ne savais pas grand-chose. Je connaissais aussi quelques jeunes adultes qui avaient quitté Mulenge pour rejoindre le mouvement de libération du Rwanda qui allait, heureusement, mettre fin aux massacres de Tutsis innocents au Rwanda. Un de mes frères, qui travaillait à l'époque au Burundi, avait également rejoint le mouvement de libération du Rwanda comme cadre. Les cadres étaient à l'origine de la mobilisation des forces et des fonds pour soutenir le mouvement de libération. Je n'ai su qu'il avait rejoint le mouvement que plus tard, lorsque nous avons déménagé au Rwanda. Au fur et à mesure que la situation au Rwanda se détériorait pour les Tutsis du pays, l'hostilité à l'égard des Tutsis du Zaïre augmentait de façon exponentielle. Le nombre d'arrestations arbitraires a augmenté, ce qui a incité les jeunes adultes à fuir et à rejoindre la lutte, en se ralliant au mouvement de libération du Rwanda qui allait mettre fin au génocide.

L'un de ces héros est le défunt général Byicaza Barabona. Byicaza était comme un frère pour moi, car son père, le pasteur Barabona, et mon père étaient tous deux pasteurs de notre église, et les deux familles étaient aussi proches l'une de l'autre. Que son âme continue à reposer en paix. Après avoir libéré le Rwanda, il est retourné libérer le Zaïre en 1996, car le génocide visait désormais mon peuple, les Tutsis du Zaïre. Il a malheureusement perdu la vie au front en 2001.

Le Rwanda a été libéré le 4 juillet 1994, juste après de nombreux habitants de Mulenge ont migré vers le Rwanda. Mon frère aîné, le premier né, est également allé voir comment était la situation et s'il était temps pour nous de partir. À son retour, la situation au Zaïre avait empiré. Le régime corrompu de Mobutu traquait désormais toutes les personnes dont un membre de la famille avait franchi la frontière du Rwanda. Malheureusement, de nombreuses personnes mal intentionnées ont profité de l'occasion pour dénoncer en échange d'argent. Les mauvaises herbes avaient poussé dans la végétation verte où se trouvait ma communauté. Nous ne savions pas qui avait été corrompu !

Quelqu'un avait signalé que mon frère venait d'arriver du Rwanda, comme si aller au Rwanda était un crime à l'époque, et c'est encore le cas aujourd'hui, malheureusement. Je ne sais pas comment mon frère l'a appris, il n'a pas voulu dormir dans sa maison. C'était un samedi, tôt le matin, et toute la légion est venue dans notre village et a encerclé sa maison. Mon frère dormait alors avec moi et mon jeune frère dans notre maison. Je ne me souviens pas de l'endroit où maman s'était rendue - je crois qu'elle s'était déjà rendue au Rwanda avec mes deux autres frères. Mon frère Rwigemera, qui était pourchassé, m'a dit de me réveiller et d'aller voir mon autre frère, le second, le pasteur Mutware, et de lui dire de se réveiller et de parler à ces militaires. Au même moment, Rwigemera s'est également réveillé et est allé se cacher dans le buisson le plus proche - nous vivions près d'une mini forêt qui servait de ferme pour les légumes, et il y avait une rivière où nous allions chercher de l'eau.

Je suis sorti, tremblant et ne sachant pas vraiment ce qui se passait. Il était environ 5 heures du matin, et même si le soleil se levait, il faisait encore sombre. Les soldats des FAZ (Forces armées zaïroises) étaient là, armés jusqu'aux dents devant moi. Lorsqu'ils m'ont vu, ils m'ont interpellé en lingala, que je ne comprenais pas, puis ils sont passés au swahili. Ils m'ont demandé pourquoi j'étais debout et où j'allais. D'une voix tremblante, j'ai répondu que j'allais réveiller mon frère, le pasteur Mutware, qui voulait que je distribue des invitations de l'église dans le village voisin. Je ne sais pas d'où m'est venue cette réponse. Je me suis demandé si c'était ce à quoi la Bible fait référence lorsqu'elle dit de ne pas avoir peur de ce qu'il faut dire dans les situations difficiles - le Saint-Esprit vous donnera les mots justes au bon moment ! Vous pouvez appeler cela un mensonge, mais je crois que c'était une révélation qui a épargné ma vie et celle de ma famille. Quelques-uns d'entre eux m'ont suivi lorsque j'ai frappé à sa porte. J'ai signalé dans ma langue maternelle qu'il y avait des militaires avec moi. Il m'a demandé de rester calme et m'a assuré qu'il allait sortir.

Je me souviens qu'il avait dans son salon un portrait du prince Rwagasore du Burundi, du président Kagame du Rwanda, qui dirigeait le mouvement de libération du Rwanda, et du défunt général Rwigema, qui a lancé le mouvement de libération du Rwanda. Avant d'ouvrir la porte, il s'est assuré que ces portraits étaient cachés, car ils risquaient d'aggraver la situation. Voir les portraits de ces individus à l'époque au Zaïre était un ticket pour la prison à vie ou même la mort. Pourquoi ? Je pense qu'il s'agit là d'un livre à part entière.

En sortant, il s'est annoncé comme pasteur et a demandé ce qu'il pouvait faire pour eux. Ils ont crié et ont demandé où se trouvait son frère aîné. Il leur a dit calmement qu'il avait emmené sa femme à l'hôpital, ce qui n'était pas faux. La femme de Rwigemera avait été malade et il était avec elle, mais ce jour-là, il était rentré chez lui. Il m'a alors fait signe d'aller réveiller notre oncle, qui était un militaire à la retraite. Je me suis faufilé entre eux et je suis allé chez mon oncle. En quelques minutes, il était là, parlant aux hommes en lingala, et il les a réprimandés, disant que ce qu'ils faisaient violés nos droits humains fondamentaux. La discussion est devenue intense entre l'ancien militaire et ceux qui étaient venus nous maltraiter, et dans les minutes qui ont suivi, j'ai vu un militaire tenir un pistolet sur le front de mon oncle. J'étais terrifié, mais je suis resté là.

Mon oncle lui a dit qu'ils ne feraient rien à sa famille et à nos vaches tant qu'il serait là et qu'il respirerait. Je suppose que ces militaires brutaux voulaient l'effrayer ou l'abattre, mais mon oncle est resté ferme comme un vrai soldat qui avait appris l'éthique militaire et avait servi son pays fidèlement jusqu'à sa retraite.

Dans les secondes qui ont suivi, j'ai entendu des tirs, et heureusement, les tirs étaient dirigés en l'air. Ils ont tiré 14 balles et tout le village s'est réveillé ; les gens couraient dans toutes les directions. Mon oncle et un autre parent, qui était en visite et avait passé la nuit dans la maison de mon frère, ont été menottés. Ils ont été sévèrement battus, emprisonnés pendant une dizaine de jours et la famille a dû payer une rançon pour les libérer.

Qu'avaient-ils fait ? Rien d'autre que d'être ce que Dieu les a créés pour être. Être un Tutsi n'était plus bienvenu, mais avoir été au Rwanda était un crime pour lequel le régime pourchassait tout le monde.

Le Retour À La Maison

C'était le moment. Ma famille a décidé de s'installer au Rwanda. La situation était extrêmement mauvaise au Zaïre. Les personnes qui avaient commis le génocide au Rwanda envisageaient maintenant, avec le régime de Mobutu, de poursuivre les mêmes massacres pour éliminer les Tutsis au Zaïre. Le Rwanda était la nouvelle habitation sûre pour nous ; il était temps de partir. Mon frère Jules, qui travaillait au Burundi à l'époque et avait survécu au massacre de 1993 au Burundi, était déjà passé au Rwanda. C'était la nouvelle terre d'espoir pour les gens comme nous dans la région des Grands Lacs d'Afrique, en particulier au Zaïre. Mobutu et son régime avaient accueilli toute l'armée qui avait commis le génocide au Rwanda et, avec les extrémistes du Zaïre, ils prévoyaient d'éliminer les Banyamulenge (ma tribu ; les Tutsis vivant dans la province du Sud-Kivu au Zaïre) et tous les autres Tutsis du Zaïre.

Dès que le Rwanda a été libéré et que le Front Patriotique Rwandais a mis fin au génocide, une migration de masse a commencé à s'opérer à travers le monde. De nombreuses familles de Mulenge se sont rendues au Rwanda pour y trouver une nouvelle demeure et aider à reconstruire le pays dont la population et les infrastructures avaient été complètement anéanties. Nous n'avons pas eu de contact avec Jules, qui avait déjà traversé le Burundi, mais tout portait à croire qu'il avait dû déménager car le Burundi était devenu moins stable lui aussi.

Par coïncidence, ma mère était tombée malade depuis un certain temps, et ils n'arrivaient pas à trouver ce dont elle souffrait. J'étais jeune, mais je me souviens qu'elle souffrait tellement qu'elle passait de nombreuses nuits blanches. Une réunion de famille a été convoquée et tous mes frères ont décidé que ma mère et deux de mes autres frères devaient aller au Rwanda pour se faire soigner et peut-être voir s'il était temps pour toute la famille de déménager. Comme ils s'attendaient à ce que Jules soit déjà passé à Kigali, c'était la meilleure option à prendre. Les jours suivants, Albert, Jimmy et ma mère sont partis pour un voyage de trois jours vers Kigali. Le voyage s'est déroulé à pied jusqu'à Uvira, où ils ont pris un bus pour se rendre à la frontière du Rwanda, à Kamanyola.

Nous n'avons pas eu de nouvelles d'eux pendant plusieurs mois, car il n'y avait aucun moyen de communication disponible. Après le génocide au Rwanda, les familles qui avaient survécu, ainsi que celles qui s'étaient installées au Rwanda, diffusaient des annonces à la radio pour inviter les membres de leur famille à les rejoindre. Comme ma mère et mes trois frères étaient déjà arrivés à Kigali, nous écoutions la radio dans l'espoir d'entendre une annonce de Jules nous invitant à les rejoindre. Les mois passaient et la situation au Zaïre continuait à se dégrader. Le jour vint où l'annonce fut diffusée à la radio : Jules nous appelait à venir à Kigali. Nous avons emballé un minimum de choses et avons voyagé pendant trois jours, marchant jusqu'à Uvira.

C'était mon premier contact avec le monde extérieur - extérieur parce que, à l'âge de 14 ans, je n'avais jamais vu l'électricité, ni la télévision, ni aucun type de vie urbaine en général. Lorsque nous sommes arrivés à Uvira, regarder la ville de Bujumbura de nuit, de l'autre côté du lac Tanganyika, était surréaliste. Je ne comprenais pas comment toutes les maisons étaient éclairées la nuit et comment la vie semblait s'écouler si rapidement. Il y a eu tant de premières expériences que je ne partagerai pas dans ce mémoire ; cependant, c'était tout simplement révélateur et très étrange pour un garçon de 14 ans.

Tôt le matin, avant que le soleil ne se lève, nous sommes montés dans un minibus en direction de Kamanyola, où nous devions passer au Rwanda. Mon frère a dû payer beaucoup d'argent pour qu'un véhicule militaire nous accompagne, car il y avait beaucoup de barrages routiers le long de la route entre Uvira et la frontière. À notre arrivée à la frontière, nous avons de nouveau été maltraités (mais cette fois-ci, c'était la dernière fois) lorsque les contrôleurs ont littéralement pris tout ce que nous avions sur nous - argent, livres et même vêtements. Comme nous avions payé l'officier militaire, nous avons été relâchés, mais les mains vides.

Depuis que j'ai quitté mon village natal au Zaïre, devenu plus tard la République démocratique du Congo, je n'ai pas eu l'occasion d'y retourner.

Humain En Uniforme Militaire

Le piège s'est brisé et nous nous sommes échappés. Alors que nous traversions la zone neutre en direction du Rwanda, l'atmosphère a changé. À quelques mètres devant nous, des membres de différentes organisations gouvernementales nous ont accueillis avec de l'eau pour nous rafraîchir. Ils nous ont précipités dans de grandes tentes qui avaient été installées le long de l'autoroute ; ils nous ont nourris et nous avons été immédiatement enregistrés.

Ce qui m'a le plus surpris, c'est le personnel militaire qui nous a accueillis. Ces jeunes hommes maigres et grands en uniforme militaire nous ont serrés dans leurs bras de manière sincère et ont parlé ma langue. C'était la première fois que je voyais quelqu'un en uniforme militaire serrer un civil dans ses bras, sincèrement, et parler ma langue. Il s'agissait en fait de personnes comme nous et c'était si différent ; cela m'a procuré une paix que je ne saurais expliquer. Quelques minutes auparavant, nous n'étions pas sûrs de survivre, car les forces militaires du Zaïre nous avaient brutalisés avant de nous laisser passer. À l'âge de 14 ans, j'avais fait l'expérience de deux dynamiques militaires opposées, l'une déraisonnablement violente et effrayante, et l'autre chaleureuse, douce et étrangement humaine. C'était étrangement bon de voir des militaires sur leurs gardes, mais accueillant et étreignant des civils. Contrairement à ce qui venait de se passer de l'autre côté de la frontière, ils ne nous ont rien pris, ils ne nous ont pas interrogés comme si nous étions des criminels. Au contraire, ils nous ont pris dans leurs bras, nous ont donné à manger et se sont assurés que nous nous sentions en sécurité. C'était ma toute première bonne expérience avec ce nouveau pays qui avait été détruit et qui avait perdu plus d'un million de personnes en 100 jours.

Terre D'espoir Au Milieu Des Cendres

Lorsque le Rwanda a été libéré, nous avons tous entonné les chants de victoire et nous étions sincèrement heureux qu'il y ait un endroit où nous pouvions aller et nous sentir chez nous. J'étais jeune, mais je savais que le Rwanda était devenu meilleur que le Zaïre pour moi et mon peuple. Je connaissais de nombreuses familles qui avaient déménagé, et ma mère et mes frères étaient déjà à Kigali.

Nous écoutions Radio Rwanda tous les jours pour entendre les nouvelles d'espoir et les louanges de ceux qui avaient libéré le pays et qui invitaient tous les Rwandais à rentrer chez eux.

Lorsque notre tour est arrivé, même si je ne savais pas à quoi m'attendre, j'étais extrêmement heureux, surtout parce que ma mère m'avait beaucoup manqué. Je voulais juste aller là où elle était et je ne me souciais guère de l'endroit. Je n'avais pas non plus conscience de l'ampleur de ce qui venait de se passer dans ce petit pays avec des gens qui me ressemblent et qui parlent la même langue que moi.

Dès que nous avons franchi la frontière, tout a changé. Oui, le pays était complètement détruit ; de nombreux survivants subissaient encore des douleurs et des traumatismes inexplicables, et l'atmosphère était encore imprégnée de l'odeur de la mort. Mais en même temps, il y avait une lumière qui brillait à travers l'épaisse obscurité. Ceux qui venaient de l'extérieur et les survivants se sont donné la main et ont commencé à combler les lacunes. Je me souviens que mon frère, qui était à l'époque étudiant à l'Université Nationale du Rwanda, contribuait également à rétablir le système judiciaire.

La vie était toujours difficile, les approvisionnements limités et les vestiges de la guerre et du génocide se faisaient encore sentir dans tous les coins du pays. Les militaires et les forces de l'ordre étaient si différents de ce à quoi j'étais habitué de l'autre côté de la frontière, car cette fois-ci, c'était à eux qu'il fallait s'adresser pour obtenir de l'aide.

Ils se promenaient jour et nuit calmement, veillant simplement à ce que tout le monde soit en paix. Cela rendait le vide et les cendres de la guerre un peu plus légers et supportables, surtout pour ceux qui avaient vécu cet événement tragique. Tout était encore si vulnérable et si peu sûr. Je me souviens d'une nuit où j'ai été poursuivi par un troupeau de chiens qui aboyaient. Ces animaux domestiques avaient vu l'indicible et étaient devenus des chasseurs d'hommes, c'est le moins que l'on puisse dire.

Le visage accueillant de jeunes hommes résilients, qui venaient de libérer le pays, recouvrait l'atmosphère épaisse et sombre qui régnait après le génocide qui avait coûté la vie à plus d'un million d'innocents. Le désespoir était omniprésent. En même temps, la joie de vivre et l'espoir qu'inspiraient les nouveaux dirigeants rendaient l'ombre de la mort supportable. Les gens étaient perdus, désorientés et pourtant pleins d'espoir. La lumière s'est levée après une longue nuit qui a durée 100 jours. Les survivants étaient à la fois soulagés et perdus. Après tout, comment ramasser des cendres et vivre à nouveau ? Ceux qui rentraient au Rwanda après des décennies d'exil se réjouissaient d'avoir enfin un pays qu'ils pouvaient appeler leur patrie ; en même temps, ils se sentaient perdus en découvrant un tissu social déchiré. Par où commencer pour reconstruire le pays dans lequel ils espéraient tant vivre à nouveau ?

Tous les indicateurs - sociaux, économiques et même spirituels - classaient la vie au Rwanda comme inexistante à ce moment-là. Mais il y avait de l'espoir grâce à la résilience de l'armée de libération et de ses dirigeants ; il y avait des rêves qui n'avaient pas été réduits au silence, et tous ceux qui se trouvaient au Rwanda s'efforçaient de vivre.

Mon Devenir

Ma croissance et mon devenir en tant qu'homme, mon exposition à la vie et mon rêve d'un avenir plein d'espoir sont nés le jour où nous avons déménagé au Rwanda. Pour la première fois, j'ai ressenti un sentiment d'appartenance. Les années que j'ai vécues au Rwanda ont été celles qui ont défini l'homme que je deviendrais plus tard.

J'ai découvert la joie de vivre lorsque nous vivions au Rwanda, en grande partie parce que mon adolescence s'est déroulée au Rwanda, mais aussi parce que je me sentais chez moi, et j'étais vraiment chez moi. Pour la première fois, je ne me suis pas senti étranger parmi ceux avec qui j'étais. Pour la première fois, je n'avais pas à craindre de rencontrer des militaires brutaux et terrifiants. Pour la première fois, alors que je grandissais, j'ai découvert la joie de vivre à travers les essais et les erreurs d'un jeune homme. J'ai eu mes premiers coups de foudre pour des jeunes filles ; j'ai ressenti de l'amour et j'ai été aimé. C'est également au Rwanda que j'ai pris la décision mûre et consciente de donner ma vie à mon Sauveur, et que j'ai commencé ma marche chrétienne et ma relation personnelle avec Jésus-Christ. En bref, mes années de formation et d'apprentissage se sont déroulées au Rwanda.

Si vous restez avec moi, ce livre vous fera découvrir le chemin que j'ai parcouru pour trouver ma lumière et l'espoir qui subsiste malgré les défis. Les événements historiques de ma vie, décrits dans les sections précédentes, sont relatés afin de donner un sens à ma conversation avec vous et, je l'espère, de vous aider à comprendre qui je suis aujourd'hui et comment j'en suis arrivé là. Il s'agit de mon parcours personnel et de ma biographie personnelle. Je suis fière de mon passé et de mon présent, et j'attends beaucoup de mon avenir. Continuons !

"Allez de l'avant. Ne vous arrêtez pas, ne vous attardez pas dans votre voyage, mais cherchez à atteindre le but que vous vous êtes fixé."
~George Whitefield~

Chapitre 2

Voyage Vers Ma Lumière

Comme je l'ai mentionné dans le premier chapitre, mon pays natal a toujours été instable. En fait, il est instable depuis les années 1960, juste après l'indépendance, lorsque le héros africain, Patrice Lumumba a été assassiné. Depuis lors, mon peuple - en particulier ma tribu, les Banyamulenge - a été privé de ses droits fondamentaux jusqu'à aujourd'hui. Bien qu'il ne s'agisse pas d'un livre d'histoire, il est important de reconnaître le contexte de mon expérience en tant que jeune homme à la recherche d'un avenir meilleur pour moi et ma famille dans un pays étranger. Comprendre les facteurs historiques qui ont conduit à ma situation peut apporter une perspective précieuse à notre conversation. À l'âge de 22 ans, j'avais vécu dans trois pays différents et sur deux continents, et j'avais vécu des expériences bouleversantes. Cependant, d'une manière ou d'une autre, une orchestration a eu lieu pour m'amener aux prochaines étapes de mon voyage, qui finiraient par dévoiler ma lumière.

Le jour où j'ai pris mon vol pour l'Europe, je me suis senti séparé de mon peuple et de mon pays. Je ne savais pas à quoi m'attendre, à part espérer que l'herbe était plus verte de l'autre côté du monde. Je rêvais de réussir et de changer mon arbre généalogique. Je voulais réaliser ce que mon père n'avait pas pu faire, et je me suis promis de réussir dans la vie, quels que soient les défis que je rencontrerais sur mon chemin.

"Au fil du temps, j'ai pris conscience que les événements heureux ou malheureux de la vie sont tous des déclencheurs destinés à nous pousser vers notre but ultime."

Jeune Demandeur D'asile

Le 17 juillet 2003, je suis arrivé à Amsterdam, un pays étranger dont je n'avais appris l'existence que dans les livres de géographie. Dans mon innocence, je pensais que tous les blancs parlaient soit l'anglais, soit le français. Tous les blancs occidentaux que j'avais vus en Afrique parlaient l'un ou l'autre. J'étais là, dans un pays qui était non seulement étrange par sa culture, ses habitants, son développement, etc. mais dont les habitants parlaient une langue dont je n'avais jamais entendu parler. Comment allais-je m'en sortir dans ce pays ? Je savais que mon frère et ami de toujours, John, se trouvait dans le pays. Si Dieu le veut, je le verrai bientôt.

J'ai demandé l'asile et, en quelques jours, j'ai été installé dans un camp de réfugiés dans une ville appelée Veldhoven, près d'Eindhoven, la ville du club de football PSV et de la société Philips Electronics. J'y ai rencontré des gens venus du monde entier avec des aspirations différentes. La vie dans le camp de réfugiés aux Pays-Bas a été l'expérience la plus difficile que j'ai jamais vécu. Pour la première fois, mon avenir dans ce nouveau pays dépendait de la décision de quelqu'un d'autre. Quelle que soit la décision de l'office néerlandais de l'immigration, elle déterminerait mon avenir dans ce pays. Le compte à rebours a commencé et l'attente a été longue.

Mon seul rêve était de poursuivre mes études. J'ai commencé à apprendre la nouvelle langue en attendant que mon cas soit réglé. Parallèlement, j'ai fréquenté une église internationale et une étude biblique, et j'ai également intégré l'équipe de louange de cette même église. Je m'y suis fait des amis pour la vie, qui ont partagé leurs histoires et leurs rêves. J'ai rencontré de nouvelles familles qui ont fait partie de ma vie jusqu'à aujourd'hui - la famille Pelsmaeker, la famille Standbridge, Bill et Alison, Ronie et Jasmine, pour n'en citer que quelques-unes.

Ces nouveaux liens ont rendu la nouvelle expérience de vie dans ce nouveau pays étranger plus facile à digérer.

De Veldhoven À Groningen

Cela faisait sept mois que j'avais atterri à Amsterdam. J'étais installé à Veldhoven, j'avais de nouvelles connaissances et je me sentais à ma place. Je savais maintenant faire du vélo. J'apprenais une nouvelle langue et j'envisageais de poursuivre mes études une fois que j'aurais maîtrisé le néerlandais. Je faisais partie de cette église internationale et je me sentais vraiment connecté. La vie commençait à prendre un sens dans ce nouveau foyer. Malgré les difficultés liées au statut de réfugié aux Pays-Bas - par exemple, le fait de ne pas être autorisé à étudier tant que son dossier n'est pas réglé, j'avais noué des amitiés durables et significatives.

Le lendemain, quand je suis allé vérifier ma boîte aux lettres - c'était une boîte aux lettres commune à tous les résidents du camp de réfugiés - j'ai vu mon nom ; j'avais du courrier. Le fait de voir son nom sur la liste pouvait signifier trois choses : Soit vous avez reçu l'approbation du bureau de l'immigration, soit vous avez été rejeté, soit vous avez été transféré dans un autre endroit. Je suis allé voir mon courrier, et j'ai constaté que j'étais transféré dans une ville du nord du pays, Groningen. Le courrier contenait une lettre de transfert et un billet de train pour m'y rendre. Le lendemain matin, j'ai fait ma petite valise et je me suis rendu au nouveau centre. Je ne savais pas que ce déménagement était un tremplin pour le prochain chapitre de ma vie.

"Chaque changement dans la vie vous prépare au niveau suivant de votre vie. Si vous ne l'acceptez pas, vous risquez de rater le train qui vous y emmène."

Peu de temps après mon arrivée à Groningen, j'ai de nouveau reçu du courrier, et cette fois, il s'agissait de l'approbation de mon dossier, qui me permettait officiellement de résider de manière permanente dans le Royaume des Pays-Bas. Je me suis immédiatement inscrit et j'ai recommencé mes études de premier cycle à l'université de Groningen, l'une des meilleures et des plus anciennes universités d'Europe. C'est également à Groningen que j'ai renoué avec John, avec qui je partageais tout et rien, et que j'ai noué d'autres relations qui ont donné un sens à ma vie.

Trouver Un Père

Ma vie à Groningen a commencé à prendre du sens le jour où j'ai rencontré ma sœur Jacoline. C'était un mardi, lors d'une étude biblique francophone à laquelle mon ami John m'avait invité. Au cours de cette soirée, j'ai rencontré cette jeune femme pleine de vie, qui était typiquement néerlandaise mais qui parlait couramment le français. Ce soir-là, nous avons échangé nos numéros et nous avons pris rendez-vous pour le dimanche matin afin qu'elle me montre l'église qu'elle fréquentait. À partir de ce jour-là, le reste est devenu de l'histoire. Jacoline est devenue ma sœur, et vraiment une sœur pour moi. Elle m'a présenté à sa famille, qui m'a accueilli, et je suis devenu le fils de Papa et Maman Sterken.

Ce mardi soir, au cours d'une conversation informelle avec ma sœur Jaco, j'ai trouvé une nouvelle famille - une famille néerlandaise et blanche qui est devenue ma famille. Elle est devenue ma famille au point que Papa Sterken a payé ma dote. Pouvez-vous imaginer qu'une famille néerlandaise paie la dote d'un mariage ? C'est ce que j'appelle devenir une famille. Papa Sterken a endossé le rôle de père et l'a fait dans le respect de ma culture. Dans la culture néerlandaise, la dote n'existe pas, mais Papa Sterken a joué le rôle d'un père parce qu'il voulait honorer son fils qu'il venait de rencontrer il y a quelques années.

Cette famille m'a facilité la vie à Groningen. Ils m'ont appris à me débrouiller dans le système, et chaque fois que quelque chose tombait en panne dans ma maison,

Papa était là pour le réparer, tout en m'enseignant. Je me souviens que ma toute première expérience de peinture de maison s'est faite avec ma sœur Jaco et mon frère John. Vous ne voudriez pas faire partie de cette expérience. Je m'en tiendrai là, pour une autre fois peut-être !

Choc Culturel De L'éducation

J'étais enfin installé, et l'avenir me semblait tout tracé alors que je poursuivais mon programme de premier cycle. Peu de temps après, le voyage à l'université de Groningen a commencé à devenir un autre grand choc culturel pour moi. Au début, je voulais continuer à étudier la biochimie, mais ma maîtrise du néerlandais n'était pas suffisante. J'ai donc changé d'orientation et étudié l'économie et les affaires internationales. Non seulement il s'agissait d'un nouveau domaine pour moi, mais le style d'enseignement et les méthodologies étaient loin de ce à quoi j'étais habitué.

Dans mon éducation précédente, de l'école primaire au lycée, la langue était le français et le style était également différent. A Groningen, la langue d'enseignement est l'anglais et le style était plus ou moins autorégulé. Les enseignants venaient faire une présentation de quarante-cinq minutes et repartaient. Le reste, c'était à vous de le découvrir. J'étais habitué à un style d'enseignement plus synthétique, où le professeur fournissait une synthèse de la matière sur laquelle il fallait se concentrer. J'ai dû m'adapter à ce nouveau système et à cette nouvelle façon d'étudier efficacement. Le voyage est devenu passionnant mais aussi difficile, et il ne laissait pas beaucoup de place pour d'autres aventures dans la vie. J'ai donc décidé de faire tout mon possible pour réussir à l'école - pas d'autres plans que d'étudier, étudier et étudier ! Ma résolution allait être perturbé et révolutionné dès que je rencontrerais ma lumière- perturbé dans le sens où je ne m'y suis pas tenu, et révolutionné parce qu'une fois que j'ai rencontré 'ma lumière', ma vie a pris sens ; j'avais de fortes raisons de me lever chaque jour.

Sa lumière était si forte qu'elle ne m'a pas laissé inébranlable.

Trouver Ma Lumière

Si vous étiez avec moi dans les paragraphes d'introduction de ce livre, ce soir-là, avec un groupe d'autres jeunes qui avaient débarqué dans ce pays étranger à la recherche d'un avenir meilleur, j'avais rendu visite à mon ami John dans la banlieue de Groningen, dans une ville appelée Leek. Je ne savais pas que j'allais avoir une conversation téléphonique révélatrice qui allait changer toute la trajectoire de ma vie. J'étais sur le point de découvrir l'être humain le plus marquant qui rendrait les 14 prochaines années de ma vie les plus mémorables. Son amour et les souvenirs partagés allaient à jamais influencer ma façon de percevoir le succès, le but de vivre et la vie en général. Ce qui m'attendait était sur le point de créer cet espoir qui demeure, malgré les moments sombres de la vie. J'avais toujours cru que je ne sortirais sérieusement qu'avec la personne que j'épouserais, ma femme. Ma rencontre avec ma Princesse est devenue une prophétie qui s'est réalisée d'elle-même. Après notre rencontre, le 5 juin 2004, la conviction a été spontanée et l'engagement ferme.

Cette femme étrangement intéressante allait influencer ma vie d'une manière que je n'aurais jamais pu imaginer. Ce qui a commencé par une simple rencontre par l'intermédiaire d'un ami commun a donné naissance à une histoire d'amour entre deux jeunes gens qui allaient vivre un voyage plein de surprises et d'émerveillements, contre vents et marées.

Dans les chapitres suivants, je vous partagerai mon histoire d'amour, la perte de ma femme, mon chagrin et l'espoir qui demeure. C'est l'histoire de mon amour pour Estelle. C'est l'histoire de deux âmes qui étaient si bien assorties mais qui ont été séparées par une mort soudaine qui a failli éteindre la lumière que nous partagions tous les deux.

J'espère qu'à travers notre histoire, vous trouverez des raisons d'espérer à nouveau, des raisons d'aimer et de chérir ceux dont vous avez la charge, et des raisons d'être attentif à la lumière dans votre propre vie.

C'est le voyage vers « ma lumière ».

DEUXIÈME PARTIE :

TROUVER MA LUMIÈRE

"Si vous trouvez quelqu'un que vous aimez dans votre vie, accrochez-vous à cet amour."
~La Princesse Diana~

Chapitre 3

Aimer Estelle, Ma Lumière

Les plans peuvent changer, et ils doivent être suffisamment flexibles pour pouvoir changer ; sinon, la vie cessera d'exister lorsque nous connaîtrons des événements qui la modifieront. Bien que tous les changements perturbent souvent nos processus et routines actuels, certains peuvent être mieux accueillis que d'autres, en fonction de leur nature. Lorsque vous êtes enthousiasmé par le changement, vous êtes motivé et vous participez activement au processus. C'est ce qui m'est arrivé lors de ma rencontre avec Estelle. Je n'ai pas réagi au changement ; au contraire, j'ai joué un rôle actif pour que le changement se produise. Cependant, cela n'a pas été un défi gratuit. J'étais, au-delà de tout doute raisonnable, convaincu que cette femme étrange et hors du commun allait devenir ma femme. Mais comment cela allait-il se passer ? J'ai décidé d'être intentionnel dès le premier jour et je l'ai été dans chacun de mes gestes par la suite.

Mon cœur était convaincu et mon esprit était clair. Il était temps de commencer à parler à Estelle, et ma conversation avec elle n'allait pas être une sorte de discussion sans but. Il s'agissait de gagner son cœur et de la demander en mariage. La question de savoir s'il faudrait des années avant que ma demande en mariage ne se concrétise n'était pas une question à poser à ce stade. J'étais prêt à attendre, à condition d'obtenir sa promesse. Je me souviens du premier appel avec ma lumière ; je tremblais. Elle était si calme et accueillante que nous avons parlé pendant des heures. On dit que votre premier instinct est toujours le bon. C'est effectivement le cas. Au fur et à mesure que nous parlions, avant même de nous rencontrer, ma conviction s'est affirmée : J'épouserai Estelle un jour.

5 Juin 2004

C'était un samedi, tôt le matin. J'ai emballé ma guitare et sauté sur mon vélo pour prendre le train de Groningen à Utrecht. J'avais rendez-vous avec mon ami John, et nous allions tous les deux, pour la première fois, assister à un rassemblement d'églises africaines dans une ville proche d'Utrecht, appelée Culemborg. Estelle y serait présente. J'étais tellement excité à l'idée de la voir pour la première fois, mais en même temps, je paniquais intérieurement. Oui, nous avions parlé au téléphone, mais cette première rencontre me donnait la chair de poule. Allais-je me contenir ou allais-je perdre le contrôle et faire comprendre que j'avais été attiré par elle avant même de l'avoir rencontrée en personne ? Le voyage a duré deux bonnes heures, mais il a semblé durer des mois. Le voyage en train s'est déroulé sans encombre et mes attentes étaient très élevées.

À ce stade, Estelle savait qu'elle m'intéressait, mais je ne lui avais pas encore fait part de mes intentions. Comme nous nous parlions régulièrement, elle savait que j'assisterais au culte ce jour-là, ce qui a augmenté ma nervosité. C'est une chose de rencontrer quelqu'un dont vous avez commencé à montrer des signes d'intérêt pour devenir plus qu'un simple ami, et c'en est une autre lorsque cette personne sait que vous vous rencontrerez à une heure convenue. Deux heures se sont écoulées avant que nous n'arrivions au lieu du culte. Nous avons assisté au service religieux, qui a duré quatre bonnes heures, au cours desquelles j'ai dû chanter. Imaginez que John et moi étions les nouveaux dans un groupe de près de trois cents personnes, dont la plupart étaient jeunes. Nous avions l'impression que tous les regards étaient braqués sur nous, et le fait que je devais chanter en jouant de ma guitare acoustique faisait monter la tension dans ma poitrine en flèche. Le moment venu, on m'a demandé de chanter, et bien que je sois très nerveux, j'ai donné le meilleur de moi-même ce jour-là.

Après le service, ils ont insisté pour que je prenne quelques minutes pour leur apprendre de nouveaux chants. Je n'étais pas préparé à cela, mais j'ai dû le faire quand même. J'ai pris ma guitare et j'ai joué la chanson « Above All » de Lenny LeBlanc. C'était une chanson très simple, avec très peu d'accords de guitare, et donc facile à enseigner. À ma grande surprise, c'était l'une des chansons préférées d'Estelle à l'époque. Elle a chanté à haute voix et s'est harmonisée avec moi pendant que nous apprenions tous les deux la chanson au reste du groupe. J'ai appris plus tard que ses amis avaient commencé à lui dire que ce jeune homme allait être son compagnon idéal. Pourquoi ? Je crois que le ciel plaidait en ma faveur. Je ne veux pas me vanter, mais il y avait aussi quelques jeunes hommes qui ne se sentaient pas très sûrs d'eux après mon apparition.

Après la réunion, nous nous sommes enfin salués et présentés. Et l'introduction s'est déroulée comme suit : « C'est vous, Estelle ? »

« C'est vous, Willy ? »

Je me souviens de l'ampleur de mon sourire. Je me sentais tellement bien en sa présence. Son sourire pouvait faire fondre votre cœur et, à vrai dire, il était difficile de rester insensible à la chaleur contagieuse qui émanait du sourire qu'Estelle offrait à tous ceux qui la rencontraient.

Comme elle savait que j'étais intéressé, elle a évité de rester longtemps avec moi. Au lieu de cela, elle est allée parler à mon ami John. Je dois avouer que ce n'était pas très agréable. Aussi intelligente qu'elle soit et très perspicace, elle ne voulait pas s'attirer des commentaires inutiles. Nous avons tous marcher ensemble, puis nous sommes retournés à la gare, où nous avons fait nos adieux. Leur train est arrivé en premier, alors nous sommes restés là à leur faire un au revoir de la main pendant qu'ils s'en allaient. J'avais l'impression que quelqu'un que je connaissais depuis si longtemps me manquait. En toute honnêteté, je ne voulais pas que cet après-midi passe si vite. Avant de nous séparer à la gare, j'ai dit à Estelle que je l'appellerais plus tard dans la soirée.

Le train en direction de Groningen est arrivé peu après celui qui transportait mon béguin, et nous sommes également montés à bord pour entamer notre trajet de deux heures de retour à la maison. Le voyage de retour à Groningen m'a semblé plus long que d'habitude. Je voulais rentrer à la maison et appeler Estelle immédiatement. Je ne voulais pas passer un jour de plus avant de lui dire ce que j'avais dans mon cœur. Sur le chemin du retour, John n'a pas cessé de me taquiner, et je voulais que cela continue car cela nous permettait de parler d'Estelle.

Je Vous Aime

Dès que je suis rentré à la maison, après le dîner, je me suis assis dans le salon de mon studio, sur un canapé à une place, et j'ai appelé ma lumière. Elle était également bien arrivée chez elle et s'était installée dans sa propre chambre, m'a-t-elle dit. Nous avons parlé pendant une bonne heure de la journée, du plaisir que nous avions eu à chanter ensemble et de ce que nous avions remarqué au cours de ce long service. J'ai alors pris une grande inspiration et j'ai brisé la glace. Je lui ai dit que je l'aimais et que je ne lui demandais pas un rendez-vous, mais un engagement pour la vie. « Je veux que vous soyez la partenaire de ma vie », lui ai-je dit. Elle a fait une blague et en a ri. Après quelques minutes, elle a compris que j'étais sérieux, puis elle s'est arrêtée et a respirée profondément. Pendant ces quelques minutes, j'ai eu l'impression d'avoir sauté quelques marches, mais en même temps, je me sentais bien dans mon cœur d'avoir exprimé mes sentiments les plus profonds.

Dans sa sagesse, elle ne m'a pas repoussé mais m'a calmement remercié de m'être exprimé ouvertement. Elle m'a ensuite demandé si je pouvais lui donner un peu de temps pour réfléchir et prier au sujet de ma demande. J'ai répondu avec confiance : « Prenez le temps qu'il vous faut. Ne vous sentez pas obligée de me donner votre réponse maintenant. Je ne vais nulle part ; j'attendrai ». J'étais tellement convaincu au fond de moi que c'était elle que j'allais épouser que peu importe le temps qu'elle prendrait, pourvu que nous continuions à parler. J'étais sorti de ma zone de confort ; j'avais fait la déclaration la plus importante de ma vie en demandant à Estelle de commencer un voyage amoureux qui nous mènerait à un mariage pour la vie.

Depuis cette conversation du 5 juin 2004, je ne me souviens pas d'un jour où je n'ai pas parlé à ma lumière au téléphone, par SMS ou sur Yahoo ou Hotmail Messenger, les médias sociaux de l'époque. C'était avant les smartphones, Facebook, WhatsApp et toutes les plateformes de médias sociaux.

Trois Mois D'attente

Une semaine s'était écoulée depuis que j'avais plaidé ma cause. Nous nous parlions tous les jours, nous apprenions à nous connaître et la connexion était si forte. Il était presque impossible de passer une journée sans parler. De temps en temps, je lui rappelais qu'elle allait devenir ma femme, ce à quoi elle repoussait toujours, mais d'une manière douce et galante. Je me souviens qu'un jour, j'ai fait exprès de ne pas prendre de ses nouvelles, pour voir si elle le ferait. Elle n'a pas appelé, mais plus tard, elle m'a avoué qu'elle n'arrivait pas à dormir. Le lendemain matin, elle m'a appelé et m'a demandé si j'allais bien. J'ai su que les choses tournaient en ma faveur.

Le lendemain, elle m'a appelé et m'a demandé d'attendre sa réponse officielle après trois mois. Au fond de moi, je me demandais pourquoi elle me demandait d'attendre exactement trois mois. Allait-elle me faire attendre et revenir avec une réponse négative, me suis-je demandé. En même temps, je me suis consolé en me disant que si elle avait l'intention de dire non à ma demande, elle aurait pu le dire et peut-être limiter les interactions que nous avons eues.

Je n'étais pas pressé et j'aimais ce que nous partagions, donc cela ne me dérangeait pas trop d'attendre patiemment. Au fil du temps, nous sommes vraiment devenus amoureux, même si elle ne m'avait pas encore officiellement donné sa parole. Nous posions des questions dans notre quête pour mieux nous connaître, nous partagions nos rêves et les directions que nous voulions donner à nos vies, ce qui nous attachait encore plus.

Nous avions l'impression de nous connaître déjà, et nous avons commencé à nous ouvrir sur les secrets de nos vies.

Le 30 septembre 2004, elle a répondu positivement à ma demande. Elle m'a dit : « Oui, j'accepte votre demande de partager ma vie avec vous, sous certaines conditions : Nous ne devons pas rendre notre relation publique pour l'instant - seul notre cercle d'amis et nos parents doivent être au courant. De plus, nous ne nous rencontrerons jamais en privé, juste vous et moi, jusqu'à ce que nous soyons mari et femme. Si vous acceptez ces conditions, vous avez ma parole que je serai votre femme en temps voulu ». J'ai accepté les conditions, et nous étions prêts pour une belle histoire d'amour. Le lendemain, j'ai pris un train et j'ai voyagé pendant six heures, aller et retour, pour rencontrer ma fiancée. Nous avons scellé notre engagement dans une prière après avoir passé tout l'après-midi à nous amuser dans la ville de Den Helder, où elle vivait à l'époque.

Nos Principes Directeurs En Matière De Fréquentation

Nous étions officiellement fiancés et un nouveau chapitre de notre vie était entré dans sa phase de rédaction. Nous avons commencé à communiquer en tant que partenaires sur le chemin de devenir un. Depuis le 30 septembre 2004, je n'avais pas appelé Estelle par son nom, jusqu'au dernier jour (nous y reviendrons plus tard) où elle est partie pour de bon. Depuis ce jour, je l'ai appelée Princesse - et oui, elle était pour moi la définition même d'une Princesse.

Nous avons annoncé notre engagement à quelques amis proches, car nous voulions rendre des comptes à nos proches. Après quelques mois, une fois que nous avions digéré et accepté notre nouveau statut, nous avons décidé d'en parler à nos parents afin d'obtenir leur bénédiction. Nous ne voulions pas entretenir et développer notre relation sans la bénédiction de nos parents respectifs.

J'ai été le premier à annoncer la nouvelle à ma mère. J'ai présenté la Princesse et j'ai immédiatement reçu un cri traditionnel de « Impundu » parce qu'elle était si heureuse que j'aie trouvé quelqu'un qui m'inspirait tant. C'était la première fille que je présentais à ma mère. Elle a été mon premier amour dans la vie. J'ai reçu les bénédictions de ma mère et cela m'a fait très plaisir.

C'était maintenant son tour. Princesse était si proche de son père, d'une manière que je ne saurais expliquer, qu'il y avait des choses qu'elle ne pouvait tout simplement pas s'autoriser à faire - non pas parce qu'elles étaient mauvaises par essence, mais parce qu'elle savait que son père ne l'apprécierait pas, même à des kilomètres et des kilomètres de distance. L'une de ces choses était de sortir avec quelqu'un. Elle avait promis à son père de ne pas sortir avec quelqu'un avant d'avoir terminé ses études.

J'avais foiré ce plan !

> *"Il y a dans le cœur de l'homme beaucoup de projets,*
> *Mais c'est le dessein de l'Eternel qui s'accomplit."*
> ~ Proverbes 19 :21

Vous comprendrez plus tard que ma rencontre avec Princesse, ma lumière, devait sauver la mise en temps voulu.

Elle a appelé son père et lui a expliqué ce qui s'était passé, comment nous nous étions rencontrés, comment nous avions noué des liens et quels accords nous avions conclus. J'étais encore étudiant, et elle commençait aussi cette année-là. Elle a donc assuré à son père que nous poursuivrions nos études sans aucun compromis. Son père a donné sa bénédiction et cela a été une confirmation ferme que nous étions en voyage jusqu'à ce que la mort nous sépare. Elle m'avait clairement dit qu'elle ne poursuivrait pas notre relation si son père ne la soutenait pas et ne lui donnait pas sa bénédiction. C'était un grand soulagement pour moi. Le voyage vers une vie pleine de bons souvenirs venait de commencer.

Je ne m'étendrai pas sur notre période de fiançailles, mais ce que je partagerai avec vous est que sortir avec Princesse a transformé ma vie pour le meilleur et pour le reste de ma vie. Je sortirais avec elle maintenant, dans cette vie et dans la vie d'après, et encore et encore, simplement parce que notre amour était pur et sans fardeau.

Engagement Ferme

Étant une personne entière dans toutes mes entreprises, j'ai aimé Princesse sans en laisser une miette. J'étais dévoué à elle, à tel point que je n'y réfléchissais pas à deux fois quand il s'agissait d'elle. Chaque fois qu'elle m'appelait et qu'elle avait besoin de me voir, même si j'étais en cours, je prenais mes livres et mon ordinateur portable et je montais dans un train pour un trajet de trois bonnes heures jusqu'à chez elle. Nous nous retrouvions à l'extérieur pour respecter notre engagement et nous passions du temps ensemble, puis je prenais toujours le dernier train pour rentrer à Groningen. Princesse, en revanche, était de nature très prudente. Son engagement était ferme et minutieusement calculé. Contrairement à mon caractère, elle sacrifiait souvent son bonheur pour prendre soin de ceux qu'elle aimait. Bien qu'elle m'ait aimé au maximum, elle n'a jamais voulu que je prenne la place d'autres relations qu'elle avait. Il y a eu de nombreuses occasions où j'avais besoin qu'elle fasse quelque chose ou qu'elle soit avec moi, mais parce qu'elle avait d'autres engagements, elle me disait non avec amour. Je savais que j'étais son numéro un (après Dieu, bien sûr), et ce qui m'a fait l'aimer encore plus, c'est le fait qu'elle était plus calme lorsqu'il s'agissait d'impulsions pendant notre période de fiançailles.

Je ne veux pas dire que mon engagement était tout ou rien ; cependant, je me suis senti obligé d'annuler parfois d'autres priorités parce qu'elle était devenue ma priorité. Je n'ai pas abandonné mes relations et mes autres engagements dans la vie - loin de là - mais j'étais néanmoins devenu incapable de donner la priorité à d'autres choses plutôt qu'à l'attention de Princesse.

La Voie Du Mariage

Le chemin vers notre mariage n'a pas été simple, malgré le fait que nos parents aient béni notre parcours. Au fil du temps, nous avons rendu notre relation publique et certaines personnes ne l'ont pas approuvée, ce qui est normal. Vous ne pouvez pas vous attendre à ce que tout le monde soit de votre côté, surtout lorsque vous prenez des décisions qui engagent toute une vie. En outre, à mi-chemin de notre relation, alors que je venais d'obtenir mon diplôme de l'université de Groningen et que je poursuivais mon master à l'université d'Utrecht, et que Princesse poursuivait son premier cycle à l'université de Rotterdam, son permis de séjour a expiré et n'a pas été renouvelé. Le système d'immigration aux Pays-Bas, du moins à cette époque, était très complexe. Ils offraient un premier permis de séjour de trois ans renouvelables, après quoi vous deviez déposer une nouvelle demande ; si celle-ci était approuvée, vous deveniez alors un résident permanent. C'est bizarre, je sais.

Princesse a redemandé son statut de résidente permanente et la réponse a été négative. Cela signifiait qu'elle devait faire appel, ce qui prendrait encore quelques mois, voire quelques années, avant que l'institution ne réponde ; en cas de refus, les chances d'être expulsé du pays se concrétisaient.

> *"Vous êtes heureux et plein d'espoir, jusqu'au
> jour où quelqu'un d'autre a le pouvoir de décider
> de votre avenir."*

Ma Princesse et moi avions décidé de terminer nos études et de nous rendre au Rwanda pour célébrer notre union en présence de nos familles et amis bien-aimés.

Nous avons donc attendu le renouvellement de son permis de séjour. Une année s'est écoulée, et vers la deuxième année, elle s'est vu refuser le droit de rester aux Pays-Bas. Cette période d'attente a eu un impact sur son droit à poursuivre ses études, qu'elle a donc dû mettre en suspens. Nous avons tenu bon, nous nous sommes aimés davantage et nous avons continué à respecter nos engagements initiaux. À un moment donné, je me suis mise en colère contre toute la situation et le système parce que je me sentais impuissant, car je ne pouvais pas accélérer le processus.

Au cours de l'été 2009, nous avons prié et nous nous sommes sentis convaincus que nous ne devions plus attendre la réponse de l'immigration avant de nous marier. Princesse avait un mariage de rêve qu'elle voulait avoir, et j'avais promis d'être à la hauteur de ses rêves. L'une de ses exigences était que sa mère et ses frères et sœurs soient présents, c'est pourquoi nous voulions célébrer notre mariage à Kigali. Nous avons lancé des invitations pour que sa famille et la mienne assistent au mariage et, comme nous le pensions, ils ont tous pu se déplacer pour être témoins de nos vœux. J'allais enfin épouser l'amour de ma vie en présence d'un grand nombre de personnes.

Nous Pour La Vie

Du 23 au 25 octobre 2009, nous avons uni nos vies pour la vie, pour le meilleur et pour le pire. Le jour que nous attendions depuis plus de cinq ans était enfin arrivé ; nous étions officiellement et heureusement l'âme de l'autre - nous ne faisions plus qu'un. Les qualités dont j'avais toujours rêvé chez une épouse étaient toutes, et même plus, personnifiées dans la personne d'Estelle. Son amour m'a permis de laisser mon passé derrière moi et de commencer à fonctionner en parfaite harmonie avec qui nous étions.

Nous nous sommes retrouvés en tant qu'individus. Nos âmes se sont attirées l'une l'autre par le biais d'une forte connexion spirituelle, émotionnelle et physique qui a posé des bases solides pour que nous puissions commencer à guérir notre passé ensemble. Notre union dans le mariage a créé un espace où nous nous sentions en sécurité, entiers et complets, écoutés, et où nous pouvions communiquer nos pensées et nos sentiments librement, sans la peur du rejet, et surtout, nous ressentions la possibilité d'être vraiment nous-mêmes.

Notre mariage a été organisé sur une courte période, de juillet à octobre. En plus de préparer la cérémonie de notre mariage de rêve - je dois dire, le mariage de rêve de ma Princesse car, pour moi, cela importait moins, car ce que je voulais, c'était être réuni dans le mariage -,nous devions également inviter nos deux familles d'Afrique. À notre grande surprise, nos deux mères, mes deux frères, la sœur et l'oncle de la Princesse - au total, six personnes - ont fait le voyage de Kigali pour assister à notre mariage. Ce fut l'un des moments les plus forts de notre voyage d'union, car cela a non seulement coloré notre cérémonie, mais nous a aussi ancrés dans les bénédictions de nos parents. Le fait que nos mères et nos frères et sœurs aient été témoins de notre union et qu'ils l'aient affirmée dans le moment a été très parlant.

Ce jour-là, j'ai compris ce que signifiait épouser l'âme sœur. Épouser la personne avec laquelle on est censé être s'accompagne de nombreuses bénédictions, malgré les difficultés. Le jour de notre mariage a été rempli de témoignages et de joie qui ont débordé tout au long de la cérémonie. Notre amour, qui a commencé humblement, à travers les défis de l'immigration, a été célébré avec éclat. Le vendredi 23, nous nous sommes rendus à l'hôtel de ville pour le mariage civil. C'était tellement gratifiant de faire des vœux solennels devant la loi en présence de nos mères ce jour-là. Le samedi 24, c'était le jour J, en présence de beaucoup de monde et de Dieu. Nous pensions, et c'est toujours le cas pour moi, que le mariage ne serait pas valide tant qu'il n'aurait pas été béni en présence de Dieu, par l'intermédiaire de son Église. Et le dimanche 25, nous avons eu notre dernière cérémonie traditionnelle pour dévoiler les nouveaux mariés - nous appelons cette cérémonie « Gutwikurura ». M. et Mme Gakunzi étaient officiellement libérés, selon la tradition, pour aller fonder leur famille. J'ai ressenti et apprécié le poids de mon « oui » à Princesse, ma lumière ; c'était la première décision qui changeait ma vie, après avoir reçu le Christ comme mon Seigneur et mon Sauveur.

Lune De Miel Ou Expulsion

La vie est plus douce que le miel lorsqu'elle est partagée avec la personne que vous aimez, vraiment. Mieux encore, lorsque vous partagez et savourez les moments de la vie avec celui ou celle qui vous aime, vraiment. J'ai vécu tant d'expériences mémorables, à la fois joyeuses et douloureuses, mais lorsque je me suis uni à Estelle par les liens sacrés du mariage, ma vie a été transformée et n'a plus jamais été la même depuis. J'ai découvert le véritable amour et la véritable joie dans l'harmonie de notre union et dans toutes ses dimensions. J'ai découvert pour la première fois ce que cela signifiait vraiment d'être aimé, valorisé, apprécié et soutenu. Pendant notre période de fiançailles, j'ai toujours pensé que j'avais compris ce qu'était aimer et être aimé, mais j'étais loin du compte. Princesse et moi nous sommes vraiment aimés et avons veillé à ce que chacun d'entre nous trouve sa place dans ce nouvel environnement qu'est le mariage. Je me sentais illimité en sachant qu'Estelle était à mes côtés, malgré les possessions matérielles, qui étaient presque inexistantes.

Cette expérience de vie extraordinaire n'a cependant pas été exempte de défis et, à un moment donné, de raisons valables de désespérer. Six mois après notre mariage, alors que notre vie de jeunes mariés prenait forme, pleine de rêves et de projets, et qu'une nouvelle carrière s'ouvrait à moi dans le secteur des services technologiques et financiers, nous avons reçu une lettre ordonnant à ma femme de quitter le pays dans les 25 jours. Le bureau néerlandais de l'immigration avait décidé de séparer deux âmes unies par la loi et par Dieu. Cela a été, une fois de plus, un nouveau choc pour déstabiliser notre amour fort et inébranlable.

Cette nouvelle est arrivée au moment où nous étions en train de façonner notre nouvelle identité en tant que couple. Six mois de bonheur s'étaient écoulés, nous ne faisions plus qu'un et le chemin à parcourir semblait tout tracé. Elle est arrivée comme une mauvaise herbe dans une plantation de roses blanches et roses au printemps. Au moment où l'agriculteur sortait pour les arroser, il s'est rendu compte que les mauvaises herbes avaient commencé à les étouffer.

Je me souviens du moment où nous avons rencontré notre avocate - la merveilleuse, professionnelle et compatissante Marieke - dans son bureau d'Amsterdam ; elle m'a regardé et m'a dit : « Vous avez des options pour éviter que cela ne se produise. Vous êtes citoyen néerlandais et vous avez une carrière ; vous avez le choix entre deux options possibles. »

Vous pouvez choisir de laisser votre femme retourner dans son pays d'origine, et vous déposerez un dossier de parrainage de conjoint sur la base de votre mariage. Vous pouvez aussi décider de déménager dans un autre pays européen, d'y trouver un emploi et de demander le permis de séjour de votre partenaire. Elle a ensuite expliqué les avantages et les inconvénients de ces deux options.

Retourner au Rwanda signifiait que nous serions séparés pour une période que nous ne connaissions pas tous les deux ; même l'avocat n'était pas en mesure de dire combien de temps durerait la procédure. Tout dépendait de la durée de la procédure de l'office néerlandais de l'immigration. Cela pourrait prendre des mois, voire des années. Pour moi, c'était hors de question. Comment quelqu'un, quelque part, peut-il décider de me séparer de ma lumière ? Il y a six mois, j'avais juré que je m'accrocherais à elle jusqu'à ce que la mort nous sépare.

Déménager dans un autre pays européen comportait également des risques. Nous devions tous deux quitter tout ce que nous avions commencé à construire aux Pays-Bas et nous embarquer pour un voyage incertain, sans offre d'emploi. Comment trouverions-nous une maison dans un pays que nous ne connaissons pas bien ? Et dans quel pays d'Europe devrions-nous déménager ? Combien de temps nous faudrait-il pour nous installer ? J'ai dû prendre l'une des décisions les plus difficiles de ma vie. Aussi difficile que cela ait été, il n'y avait rien que je ne ferais pas pour sauver notre mariage de la rupture. Le même jour, nous avons décidé de déménager en Belgique, sans trop y penser.

"Chaque revers dans votre vie peut être un tremplin vers votre prochain niveau. Il vous suffit de prendre les mesures qui sont en votre pouvoir et de contrôler ce qui est contrôlable dans votre vie."

Nous avons emballé le peu que nous pouvions et sommes partis pour la Belgique. Nous sommes restés chez un ami pendant quelques semaines jusqu'à ce que nous trouvions un appartement à louer. Je n'entrerai pas dans les détails du processus de déménagement, mais nous avons trouvé grâce auprès des hommes en frappant à différentes portes, à commencer par notre propriétaire, qui m'a fait confiance et a accepté que nous louions son appartement alors que nous n'avions pas de source de revenus stable.

Ancré Dans L'amour

Les tempêtes sont arrivées et le vent a soufflé fort de tous les côtés, juste au moment où notre nouvelle vie commençait à prendre forme. Les chances de continuer à avancer dans l'harmonie et l'amour étaient proches de zéro si nous nous étions concentrés sur ce que nous n'avions pas. Cette perturbation était la recette de la frustration, du mécontentement et même de la rupture. La réalité avait frappé fort et la nécessité de se tenir la main pour naviguer dans l'incertitude et les espoirs brisés était très élevée pour un jeune couple à atteindre et à maintenir.

Heureusement, la forte pluie nous a permis de nous retrouver ancrés dans l'amour l'un pour l'autre et pour Dieu. Je dois dire que Dieu m'aimait tellement qu'il m'avait donné une partenaire de prière qui me regardait dans les yeux et me disait que tout irait bien. J'ai compris davantage l'importance d'une femme pieuse dans la vie d'une personne lorsque tous les espoirs semblaient avoir disparu. Au plus bas niveau de notre mariage, causé par des facteurs externes sur lesquels nous n'avions aucun contrôle, j'ai été témoin de la puissance d'une épouse qui s'est levée pour combler le vide. Princesse m'a prouvé qu'elle ne serait pas là uniquement dans les moments les plus forts, mais qu'elle veillerait également à me pousser plus loin pour le bien de notre famille. Je faisais le plus facile, chercher un emploi dans ce nouveau pays où nous avions déménagé, et aller travailler pour pouvoir mettre de la nourriture sur la table. La partie la plus difficile pendant cette période de limitation était la capacité à maintenir l'harmonie dans notre mariage et à garder la flamme allumée. Je n'ai jamais vu Princesse découragée ou inquiète à cause de ce que nous traversions. Elle avait l'esprit vif, son attitude était toujours positive et ses rêves n'ont jamais faibli.

Ancrés dans cet amour fort que nous partagions, nous avons tenu bon sans avoir grand-chose à offrir en termes de biens matériels, mais notre maison est devenue un refuge pour ceux qui n'avaient pas grand-chose. Nous avions la chance d'accueillir des gens presque tous les week-ends, et nous avions toujours assez à partager ; plus important encore, nous partagions notre amour. Je peux dire sans honte que ma famille a surmonté cette première épreuve grâce à la femme pieuse que j'ai eu la chance d'avoir. Son amour et sa vie de prière nous ont permis de traverser cette épreuve, et la vie a continué à être plus douce chaque jour qui passait.

Un Travail Acharné Pour L'amour Avec Un Diplôme De Master Dans Mon Tiroir

Nous avions trois mois pour prouver que j'étais employé légalement en Belgique, pour que ma Princesse et moi-même obtenions le permis de séjour. Si je ne parvenais pas à trouver un emploi, nous risquerions de devenir illégaux en Belgique, ce qui se traduirait par une autre forme d'expulsion. Je suis citoyen néerlandais, mais je ne pouvais pas rentrer avec ma Princesse sans un visa valide.

Outre l'aspect juridique de l'affaire, nous devions survivre. Il y avait des factures à payer et une vie de famille à maintenir. Je venais d'épouser la plus belle jeune femme que j'avais jamais vue de ma vie, mais je me trouvais dans une situation où je ne pouvais pas répondre à tous ses besoins. Cela devenait trop lourd. Le peu d'économies que nous avions, commençait à s'épuiser et, bien que je sois qualifié et puisse travailler en Belgique, la recherche d'un emploi était loin de donner des résultats.

En poursuivant ma recherche d'emploi, je devais également trouver un moyen de gagner ma vie, et le seul emploi disponible que j'ai pu trouver sans aucune qualification professionnelle était un emploi dans l'industrie manufacturière. J'ai donc commencé à travailler dans un entrepôt logistique. J'ai soulevé des charges lourdes, chargé et déchargé manuellement des camions. J'ai travaillé tôt, tard et tout ce qu'il y avait entre les deux. Cette expérience m'a rendu très humble et, en même temps, elle a drainé mon énergie au maximum. Si je n'avais pas eu une partenaire stable qui me soutenait, je n'aurais pas pu tenir le coup.

L'expérience du travail dans l'entrepôt m'a fait comprendre que ce qui comptait le plus n'était pas mon statut ni les diplômes que j'avais obtenus. Même si c'était difficile, cela me procurait de la joie et de la paix de savoir que je jouais mon rôle pour sauver et sécuriser ma famille. Je devais assurer la sécurité et la protection de ma lumière. C'est à cette époque que notre amour s'est développé de manière exponentielle. Nous étions plus heureux que jamais, non pas à cause de ce que nous avions, mais plutôt à cause de ce que nous n'avions pas et de la prise de conscience que nous nous soutenions l'un l'autre. Nous savions que rien ni personne ne pouvait nous séparer tant que nous étions comblés par la joie que nous procurait notre amour.

J'ai continué à effectuer des travaux pénibles jusqu'à ce que je puisse réintégrer le marché professionnel. Il n'a pas été facile de trouver un équilibre entre les emplois de survie et ma recherche d'emploi professionnel. J'ai eu tellement de refus ; la plupart étant biaisés pour des raisons raciales, que j'ai décidé de ne plus jamais me présenter à un entretien d'embauche. Cela s'est produit après un entretien avec une multinationale technologique renommée, où le responsable du recrutement m'a dit ouvertement qu'il ne m'embaucherait pas parce que leurs clients n'avaient pas encore adopté la diversité. J'étais dévasté et j'ai décidé de ne plus jamais me présenter à un entretien. Deux semaines plus tard, j'ai reçu un appel d'un responsable du recrutement de BTR Services, qui m'a proposé un emploi sans entretien formel. Le même schéma s'est reproduit quelques années plus tard, lorsqu'un recruteur m'a de nouveau appelé, ce qui m'a conduit à mon emploi actuel. Il s'agissait également d'une offre à laquelle je n'avais pas postulé. J'ai participé à des entretiens, mais cette fois-ci, c'était différent. Wolters Kluwer est l'endroit où il faut être lorsque vous devez avoir raison. Après une décennie au service de cette entreprise, je continue à me développer et à être satisfait.

Préparés Dans Le Désert

Pendant cette période de transition où je devais trouver un refuge juridique pour assurer la stabilité de ma famille, ma carrière a été bouleversée et l'avenir de notre famille était en jeu. En partant à la chasse aux besoins de survie, je me suis éloignée du marché professionnel. Mon expérience et mes diplômes devenaient obsolètes. J'ai décidé de suivre de nouveaux cours de technologie de l'information, en tant qu'architecte d'entreprise. Il s'agissait d'un changement important qui a porté mes compétences à un autre niveau, tout en continuant à faire le gros du travail pour subvenir aux besoins de ma famille.

Quelles que soient les difficultés rencontrées - faire face aux exigences légales en matière d'immigration, contrôler les normes et les valeurs familiales et prendre un nouveau cours - je croyais fermement, et je crois toujours, en une corrélation positive entre les compétences, les opportunités et l'amélioration de la vie. Lorsque j'ai enfin surmonté la discrimination à l'embauche que j'avais subie pendant un certain temps, j'étais prêt à livrer et à gravir les échelons à un rythme rapide. Oui, pendant cette phase de transition, nous avons manqué d'argent, mais en même temps, nous avons maintenu notre équilibre familial, et j'ai pu continuer à améliorer mes compétences en attendant que l'occasion se présente.

Cela n'aurait pas été possible si ma femme ne m'avait pas soutenu et si elle n'avait pas cru fermement en mes capacités. Comme je l'ai dit précédemment, elle a été la première personne à voir le lion qui sommeillait en moi et à lui donner vie. Elle n'a jamais cessé de croire et d'affirmer mon potentiel. Elle m'a offert un foyer sûr et aimant où j'avais hâte de me rendre après chaque dure journée de travail et de recherche d'emploi, ce qui m'a permis de m'élever encore plus haut.

Plus Forts Ensembles

Nos débuts modestes n'ont pas diminué ou affecté la trajectoire croissante de notre amour. Nous n'étions pas un couple parfait, mais notre mode de vie s'est parfaitement harmonisé et nous avons poursuivi notre croissance malgré les difficultés rencontrées. Nous avons continué à faire ce petit pas en avant dans nos vies sans nécessairement aborder la vie sous l'angle du « big bang ». Plus nous avancions, plus notre amour s'approfondissait et moins les frictions étaient probables. Sans trop d'efforts, nous nous sommes rendu compte que nous avions pris de solides habitudes qui soutenaient notre amour de manière constante. Nous n'avions pas prévu de mettre en œuvre quoi que ce soit en tant que tel ; nous faisions plutôt ce qui semblait bon pour nous, ce qui approfondissait nos liens à tous les niveaux et ce qui nous procurait de la joie au quotidien. Avant même de nous en rendre compte, nous avions pris de nouvelles habitudes qui ont permis à notre mariage de s'épanouir au milieu des difficultés que nous avions rencontrées. Quelques habitudes se sont démarquées et ont renforcé notre amour, même après que la lumière se soit estompée (voir le chapitre suivant) :

LETTRE D'AMOUR - Avant notre mariage, nous nous envoyions régulièrement des messages et des lettres. Dès le jour de notre mariage, sans discussion formelle, nous avons commencé à nous écrire des mots d'amour avant de quitter la maison. C'est devenu l'un des moyens les plus faciles de s'apprécier, de s'encourager et de s'affirmer l'un l'autre au quotidien. Nous avons remplacé les SMS que nous échangions en tant que fiancés par des lettres d'amour que nous nous écrivions tous les jours. Nous avons ensuite acheté des carnets et nous avons continué à nous écrire des lettres d'amour tous les jours. Chaque matin, au réveil, nous lisions les lettres de l'autre avant toute autre chose.

Lorsque nous avons déménagé - plutôt, lorsque nous avons été forcés de déménager - des Pays-Bas vers la Belgique, cette habitude a été renforcée. Il se passait beaucoup de choses qui nécessitaient notre énergie et notre concentration alors que nous naviguions dans ce changement perturbateur, et nous avions donc besoin de nous ancrer dans l'amour et dans des actes d'amour intentionnels. En plus de toutes les autres choses que les couples mariés font pour se soutenir et s'encourager mutuellement, ce sont nos lettres d'amour qui ont le mieux exprimé ce dont nous avions besoin.

Comme je travaillais en horaires décalés, Princesse écrivait ses lettres avant de se coucher pour que je les lise tôt le matin avant de partir pour une lourde journée de travail. J'écrivais alors ma lettre d'amour le matin avant de quitter la maison, et elle la lisait à son réveil. Lire ses mots d'affirmation et d'amour tous les matins me rechargeait. Chaque jour, il ne se passait rien qui puisse me mettre à l'épreuve au point de perturber mes performances ou de déclencher une saute d'humeur. Je ressentais tellement d'amour et de soutien que mon état d'esprit s'en trouvait déjà aiguisé. Cette pratique était en soi la recette d'un mariage réussi, quelles que soient les limites matérielles que nous avions à l'époque.

CHANTER, DANSER ET JOUER ENSEMBLE - Notre deuxième pilier sur lequel nous avons construit notre mariage était de chanter, de jouer et de danser ensemble.

Nous chantions en conduisant, sous la douche, en préparant le dîner, etc. En ce qui concerne la danse, Princesse était une experte dans tous les genres. Elle inventait des mouvements et des balancements juste pour se moquer de moi, puis elle me mettait au défi de faire la même chose. Ensuite, nous partions de là et nous nous amusions en dansant. Nous adorions danser sur du zouk et du slow.

En même temps, lorsque ma lumière est entrée dans ma vie, j'ai commencé à écrire mes propres chansons. Nous aimions tous les deux chanter des gospels, alors tous les soirs, nous prenions le temps de chanter ensemble. Nous faisions également en sorte de jouer et de danser régulièrement. Au fur et à mesure que nos liens se renforçaient, nous avons commencé à écrire des chansons ensemble.

Lorsqu'un couple s'harmonise dans la mélodie, il y a une force qui se répercute dans d'autres domaines de la vie. Nous avons vécu cette merveilleuse expérience jour après jour.

PRIER ENSEMBLE - Notre troisième habitude, la plus importante, que nous avions prise bien avant notre mariage, était de prier ensemble - non pas prier en solo l'un pour l'autre, mais prier ensemble, en se tenant par la main et en se serrant dans les bras si nécessaire. Nous avions notre réunion de prière familiale tous les soirs à 19 heures, après le dîner, où nous prenions le temps de prier les uns pour les autres, main dans la main. Nous avons littéralement prié pour tout - tout ce qui se passe dans une famille ou un couple était un sujet de prière pour nous. Cela a renforcé notre intimité avec Dieu et l'un avec l'autre. Je ne m'attribue pas le mérite de cette habitude. Sans le cœur de Princesse pour Dieu et sa consistance dans la prière, je ne suis pas sûr que je l'aurais maintenue moi-même. Elle a illuminé ma vie de tant des façons.

SERVIR LES GENS - Pour ceux qui me connaissent, bien que très réservée, je suis une personne très sociable mais en même temps introvertie. Je suis introverti dans le sens où je ne m'ouvre guère. Il me faut du temps et une confiance solide pour m'ouvrir. Ma lumière, en revanche, était très sociale et discrète.

Elle était cette amie de confiance qui donnait à chacun l'impression d'être son meilleur ami ; tous ceux qui la rencontraient pensaient qu'ils étaient les seuls amis qu'elle avait. Chaque fois que quelqu'un était présent, elle s'arrangeait pour répondre aux besoins de chacun en tant qu'amie, sans que personne ne se sente plus attaché que l'autre. Chacun de ses amis pensait être son meilleur ami. Dans sa discrétion, elle ne voulait jamais s'attribuer le mérite de ce qu'elle faisait pour les autres. Dans de nombreux cas, elle travaillait dans l'ombre et me laissait, moi ou un autre ami, être le visage de l'initiative.

Nous avons nourri cette culture dans notre maison, et nous sommes devenus les épaules de repos de nombreuses personnes. Je ne me souviens pas d'un seul week-end que nous ayons passé sans accueillir des gens chez nous. Ceux qui avaient assez et ceux qui manquaient étaient tous les bienvenus. Nous avions décidé, en tant que famille, d'être la raison du sourire de quelqu'un chaque fois que l'occasion se présenterait.

Je me suis rendu compte que le bonheur en amour n'est pas toujours positivement corrélé aux possessions matérielles. J'aimais Estelle, ma lumière, et je sais qu'elle m'aimait profondément, même lorsque nous manquions de tout. Au fur et à mesure que notre amour s'épanouissait, d'autres aspects de notre vie se développaient et s'amélioraient.

Intentionnalité

Je crois fermement que l'amour passe par différentes étapes avant de mûrir. La première étape, que nous appelons tous l'étape « tomber amoureux », est essentiellement une étape émotionnelle et de sentiments intenses où tout semble parfait. Il n'y a pas de questions à se poser car, lorsque nous sommes en présence de la personne que nous aimons à ce stade, le reste semble disparaître à notre vue rationnelle. À ce stade, les promesses sont faciles à faire et tous les rêves semblent réalisables. À ce stade, nous sommes moins perspicaces, car tout ce que nous voulons, c'est être avec la personne dont nous sommes amoureux. Cette étape est, à mon avis, le point de départ de tout voyage amoureux. Lorsqu'elle n'est pas gérée avec sagesse, cette belle expérience peut s'avérer néfaste et les sentiments amoureux peuvent se transformer en une boisson amère.

La deuxième étape de ce voyage que nous appelons l'amour est ce que j'appelle « faire face à la réalité ». À ce stade, les yeux s'ouvrent et vous commencez à voir les défauts et ce que vous n'aimez pas chez la personne que vous aimez. Vous

vous rendez compte que cette personne, qui est capable d'éveiller les sensations intérieures que vous ne soupçonniez pas, peut aussi avoir des faiblesses. Vous commencez à réaliser que votre pouvoir peut se heurter et que, lorsque cela se produit, le mécanisme de défense personnel est appelé à la rescousse. Vous savez maintenant qu'il/elle peut manquer le rendez-vous. Il/elle peut être en retard. Il/elle peut vous irriter. Cette prise de conscience a un impact sur vos sentiments à l'égard de la personne que vous aimez et dont vous avez déclaré à maintes reprises que vous ne la verrez jamais moins. Vous commencez même à vous demander comment vous avez pu tomber amoureux d'une personne ayant autant de défauts. La comparaison s'installe et vous commencez à voir de meilleures options. À ce stade, vous avez atteint un tournant : soit vous décidez de faire en sorte que cela renforce votre amour, soit vous brisez ce magnifique trésor en devenir.

Le troisième stade, le stade « mature », est le niveau intentionnel de l'amour. Vous avez surmonté vos sentiments et l'épreuve de la réalité. Vous avez réussi à réguler toutes les substances chimiques qui provoquent des frictions positives et négatives. À ce stade, vous décidez intentionnellement de voler haut, comme un avion qui a atteint le stade du roulement au sol (roulement au décollage), qui est la partie de la procédure de décollage au cours de laquelle un avion accélère depuis l'arrêt jusqu'à une vitesse qui fournit une portance suffisante pour décoller. À ce stade, les ailes de l'avion reçoivent suffisamment de puissance pour soulever le poids de l'énorme machine au-dessus de la surface.

C'est exactement ce qui se passe en matière d'amour. Les relations durables et épanouies sont intentionnelles, lorsque deux personnes choisissent quotidiennement de s'engager l'une envers l'autre malgré leurs défauts respectifs. Oui, ma relation avec ma lumière n'a pas été exempte de défis causés à la fois par des facteurs externes et par la différence de personnalité. Malgré tout, nous nous étions engagés l'un envers l'autre au début de notre voyage. Nous nous étions engagés à ne jamais laisser nos différences et les défis de la vie avoir un impact sur la motivation initiale de nous engager dans notre parcours de vie ensemble.

Voici quelques-uns des outils que nous avons mis en œuvre dès le début de notre parcours amoureux :

S'excuser et pardonner toujours - Il n'y avait rien que nous ne puissions pas nous excuser et nous pardonner l'un à l'autre.

Prier ensemble tous les jours - Nous avions décidé de prier ensemble quoi qu'il arrive, et après une dispute - oui, nous avons eu des disputes - il n'y avait aucune excuse pour ne pas prier ensemble et d'une voix forte. Même lorsque j'étais en déplacement professionnel, nous avions le temps de prier ensemble et de nous conforter mutuellement.

Je t'aime - Nous avions décidé de nous rappeler mutuellement notre amour chaque matin et avant de nous coucher.

Baiser - Avant de sortir, en rentrant à la maison et avant de se coucher, nous devions nous donner un baiser sur la joue, le front ou les lèvres.

Main dans la main - Nous avions décidé de nous tenir la main chaque fois que nous nous asseyions ; nous nous tenions la main en conduisant, nous nous tenions la main à l'église, nous nous tenions la main en nous reposant à la maison - nous nous tenions la main chaque fois que nous étions en présence l'un de l'autre. Bien entendu, nous étions un couple très respectueux, et lorsque l'environnement ne nous permettait pas de nous tenir la main, nous nous y conformions toujours.

Check-in - Chaque fois que nous étions séparés, il était automatique de s'envoyer de petits messages textuels de check-in tout au long de la journée. En fait, le dernier message qu'elle m'a envoyé, en français, à son arrivée au travail, était le suivant :

« Bonjour chérie, je suis arrivée saine et sauve au travail. Que le Seigneur Dieu te donne la force en tout. Je t'aime »

Je crois fermement que la romance et les sentiments peuvent se développer fortement à travers les différentes étapes d'une relation amoureuse entre un mari et une femme s'ils sont cimentés par une communication forte et le don de soi. Dès le premier jour, j'ai signé, tout comme Princesse, que nous ferions de notre mieux pour nous offrir mutuellement un espace d'amour de soi et d'épanouissement. En nous permettant d'être nous-mêmes, nous avons pu nous servir l'un l'autre avec grâce. Je me suis toujours efforcé de lui apporter la sécurité, en m'assurant qu'elle recevait suffisamment d'amour et qu'elle était couverte dans tous les aspects de sa vie, au mieux de mes capacités, et elle s'est toujours efforcée de me donner l'espace nécessaire pour voir la lumière qui me permettait de continuer à grandir dans l'amour et d'accroître notre épanouissement.

Mon voyage amoureux avec ma Princesse avait été éprouvé jusqu'à présent et en était ressorti plus fort. Nous avions atteint la paix et l'épanouissement qui se traduisaient par une vie dans l'abondance, même lorsque nous manquions de biens matériels. Nous avons également compris que le contentement se trouve dans le fait de servir les autres avec notre vie.

Le Pouvoir De La Consécration En Couple - Un Héritage Durable

Après une saison dans le désert, où nous manquions d'argent et où nous devions travailler dur pour nous installer dans notre nouveau pays, Dieu était venu et nous avait aidés à traverser cette période. La sécheresse était terminée. Nous pouvions à nouveau rêver et nos projets en tant que nouveau couple étaient à notre portée.

Lorsque j'ai finalement retrouvé mon emploi professionnel, ce fut une telle bénédiction qui m'a apporté non seulement la tranquillité d'esprit et l'aspect financier, mais aussi des avantages supplémentaires, notamment une voiture de fonction et bien d'autres choses encore. Je comprends que pour certains d'entre vous, cela peut sembler normal, mais si vous y réfléchissez bien, le fait de couvrir certains besoins de base peut vous permettre d'atteindre un niveau de solidité financière élevé.

En guise de remerciement à notre créateur, nous avons fait le vœu de sacrifier le bien le plus cher que nous possédions à l'époque, à savoir notre voiture. Certes, nous l'avions achetée d'occasion, mais elle était comme neuve. Bien que j'aie bénéficié d'une voiture de fonction, nous avions toujours la possibilité de garder la deuxième voiture ou de la vendre et d'utiliser l'argent pour d'autres projets. Pour honorer notre vœu, nous avons vendu la voiture et utilisé chaque euro que nous avons récolté de la vente pour en faire don à notre église.

En fait, nous voulions faire quelque chose qui serait un signe qui nous rappellerait constamment jusqu'où Dieu nous avait amenés - un endroit où nos diplômes n'auraient pas pu nous mener, mais où sa grâce l'avait fait. Nous avons donc pris tout l'argent et acheté une caméra vidéo professionnelle neuve pour l'église.

Il s'agissait de la toute première caméra professionnelle que notre église possédait. Grâce à cet acte sacrificiel, notre église a commencé à enregistrer des services et des événements, qui ont été téléchargés sur différentes plateformes de médias sociaux et diffusés dans le monde entier.

Je me souviens encore de la sensation que nous avons ressentie lorsque nous nous sommes tenus la main pour glisser notre carte bancaire dans le magasin électronique à Anvers, en Belgique, pour régler cet achat. Nous avons apporté la caméra vidéo à l'église sans le dire à personne, et nous l'avons déposé devant l'autel pour rappeler constamment à notre Dieu et à notre situation de vie que nous ne serions plus jamais en manque d'argent. Depuis ce jour, nous avons décidé que notre hier ne serait jamais meilleur que notre aujourd'hui, et que notre avenir serait toujours meilleur que notre aujourd'hui et notre hier réunis. Le chemin à parcourir était toujours droit, et il n'y avait pas de retour possible à l'état de manque, en particulier le manque de paix et de satisfaction.

Avant de passer à la deuxième partie du livre, où je me suis retrouvé sans ma lumière, dans le chapitre suivant, je vais vous faire découvrir notre vie de parents. Il s'agit d'une phase à laquelle, je pense, tous les parents peuvent s'identifier. Elle transforme la vie des parents en un autre niveau de responsabilité, qui peut faire grandir leur amour, s'il est bien discerné, ou le déformer.

"Je suis un père, c'est ce qui compte le plus. Rien n'est plus important"
~Gordon Brown~

Chapitre 4

Un Père Pour Ses Filles

Le fait d'avoir grandi sans père a créé un sentiment d'insécurité par rapport à ma propre paternité. Bien souvent, à l'intérieur, de ce que nous craignons se réside la force que nous portons sans nous en rendre compte. Si vous vous sentez en difficulté dans un domaine particulier, je vous encourage à puiser au plus profond de vous-même. Vous serez surpris de constater à quel point vous êtes résilient. Une fois que vous avez pris les mesures appropriées, les résultats sont stupéfiants. Dans ce chapitre, je vais vous raconter comment la peur de devenir père m'a hanté pendant si longtemps parce que j'ai moi-même grandi sans père. J'ai fini par trouver mon plus grand plaisir et ma plus grande force dans la paternité. Tournons la page ensemble !

Je n'ai pas non plus eu l'opportunité d'avoir une sœur de sang. Grandir avec seulement des garçons à la maison a été dur et ne m'a pas donné l'expérience de savoir comment interagir avec les femmes - sœurs ou filles. L'absence de père dans laquelle j'ai grandi, combinée au fait que je n'avais pas de sœur de sang, a accentué mon insécurité à l'idée d'être un père pour les filles. Je ne savais pas à quoi m'attendre en tant que père en général, et en tant que père de filles en particulier.

Ainsi, lorsque j'ai rencontré ma lumière, j'ai donné de tout cœur mon amour au point de me demander si mon réservoir d'amour ne s'était pas vidé. Cela aussi a créé un sentiment d'incertitude et de peur en moi. Je me demandais si je serais capable d'aimer suffisamment mes enfants, d'autant plus que je n'avais pas de modèle à imiter. En plus de l'absence d'une figure paternelle et d'une sœur dans ma vie, le fait d'être l'avant-dernier né de ma famille signifiait que je n'avais aucune expérience avec les bébés. Mon frère n'a que deux ans de moins que moi. Les bébés avec lesquels j'ai eu des contacts étaient mes neveux et nièces, mais j'étais jeune et je ne les ai jamais gardés.

Tous ces paramètres ont contribué à créer un sentiment de peur que je n'arrivais pas à exprimer. Je n'ai jamais partagé mon insécurité avec qui que ce soit, y compris Estelle. J'ai gardé cette peur pour moi, et je pense que personne ne l'aurait remarqué.

Un jour, au cours de l'été 2010, je suis rentré du travail et j'ai trouvé ma Princesse qui m'attendait, bien habillée dans une longue robe violette, comme si elle assistait à une cérémonie. En me rendant dans le salon, j'ai été accueilli par une table, des bougies et une musique lente. Je me suis posé beaucoup de questions ; je ne savais pas ce qui se passait. Elle m'a accueillie comme nous le faisions normalement, puis elle m'a demandé d'aller me changer dans la chambre et de revenir dans le salon. J'ai pris une douche rapide, je me suis habillé d'une couleur similaire à celle qu'elle avait déjà préparée et, quelques minutes plus tard, j'étais de retour, mais je me demandais encore ce qui allait se passer. Je n'en avais pas la moindre idée.

Nous nous sommes assis à la table, et il y avait une enveloppe scellée. Elle m'a pris par la main et m'a demandé comment s'était passée ma journée, puis elle m'a demandé si elle pouvait dire une prière avant de me laisser ouvrir l'enveloppe. La prière n'était pas une grâce pour le dîner, mais plutôt une action de grâce pour les nombreuses bénédictions de notre vie. J'étais tellement impatient de terminer et de découvrir ce que contenait cette enveloppe scellée. Lorsque je l'ai ouverte, le message était le suivant : « Vous devenez papa ». Je ne saurais trop détailler ce qui a suivi.

J'ai sauté d'une joie que je n'avais jamais connue dans ma vie. Ceux qui ont été bénis par ce don d'être père, tout comme ceux qui ont été bénis par ce don d'être mère, peuvent comprendre, même si les sentiments sont exprimés différemment. Ma peur antérieure s'est transformée en une joie inexplicable et en un sentiment de responsabilité.

Je suis même tombé encore plus amoureux de Princesse ; cette âme merveilleuse me faisait devenir ce que je n'avais pas réussi à obtenir. Comment expliquer cela ? J'ai littéralement senti un poids se détacher de mes épaules et j'étais impatient d'être père. Merci, Princesse, pour ce cadeau inestimable.

Sauvez-Le, Il Manque D'oxygène !

Tout l'été a été très excitant ; je prenais des nouvelles à chaque seconde pour voir comment le bébé grandissait. C'était une sensation extraordinaire.

Un samedi matin de septembre 2010, nous nous préparions à assister au mariage de notre ami aux Pays-Bas. Nous allions faire un trajet d'une heure et demie en voiture d'Anvers à Utrecht. Nous allions faire une surprise aux jeunes mariés et aux autres amis que nous allions rencontrer : nous allions leur annoncer notre grossesse. Nous étions enceintes depuis presque 12 semaines ; le premier trimestre était presque terminé. Il n'y avait eu aucune complication, pas même des nausées matinales. Le premier trimestre s'est déroulé sans encombre.

Ce matin-là, Princesse a commencé à avoir des crampes, mais n'a pas pensée que c'était grave. Au fur et à mesure que le temps passait, la douleur s'intensifiait. Nous avons alors décidé d'appeler notre médecin, dont le cabinet se trouvait à un pâté de maisons de notre maison. Comme la clinique se trouvait sur notre chemin vers les Pays-Bas, nous avons décidé de nous préparer, de passer à son cabinet pour un contrôle rapide, puis de continuer jusqu'au mariage. Lorsque nous sommes arrivés au cabinet du médecin de famille, Princesse avait trop mal. Je lui ai demandé si elle pensait que quelque chose n'allait pas avec le bébé (ce n'est pas une très bonne question à poser, mais je suppose que l'adrénaline était élevée). Par défaut, elle était de nature calme et très sûre d'elle, et elle m'a calmé. Elle m'a assuré qu'elle allait bien et que le bébé allait bien. Elle m'a dit que c'était peut-être quelque chose qu'elle n'avait pas bien digéré.

Dès que nous sommes entrés, le médecin l'a examinée et j'ai vu que quelque chose n'allait pas. Elle souffrait énormément chaque fois que le médecin touchait son ventre. L'excitation que j'éprouvais à l'idée de devenir père s'est transformée en confusion ; je n'arrivais pas à comprendre que nous allions peut-être perdre le premier fruit de notre union. Il m'a regardé et m'a dit : « Êtes-vous venus en voiture ou à pied ? ». J'ai répondu d'une voix tremblante que nous étions venus en voiture. Il m'a alors dit : « Allez vite à la clinique. Votre femme et votre bébé doivent être examinés. » J'ai demandé si quelque chose de grave s'était produit. « Je lui ai demandé s'il s'était passé quelque chose de grave : « Le bébé est-il en vie, ma femme est-elle en danger ? Il m'a répondu, en tant que professionnel de la santé : « Allez à la clinique. Ils doivent s'occuper rapidement de votre femme. »

Je ne me souviens pas de la vitesse à laquelle j'ai roulé, mais je sais que je n'ai pas respecté les limitations de vitesse. La clinique était à cinq ou dix minutes de route, et dès que je me suis arrêté, j'ai ouvert la porte, pris la main de Princesse et me suis précipité à l'intérieur. Nous avons été immédiatement admis, mais il était trop tard. Nous étions en train de perdre notre bébé avant même de l'avoir rencontré. Je pouvais voir ce qui se passait, mais mon cerveau ne l'avait pas encore compris, et je n'arrêtais pas de demander si c'était vraiment arrivé.

Alors que le personnel médical aidait ma femme, qui était beaucoup plus calme que moi, la chose suivante dont je me souviens est le son du médecin criant : « Monsieur, restez avec nous. Voyez-vous mes mains ? » J'entendais un son qui s'estompait, mais je ne pouvais pas le voir clairement. J'étais au sol, inconscient. Je m'étais évanoui par manque d'oxygène dans mon cerveau. Apparemment, lorsque nous sommes en état de choc et que notre circulation sanguine est perturbée, le sang oxygéné n'atteint pas le cerveau. Lorsque le niveau d'oxygène est faible, le cerveau n'envoie pas de signaux nerveux dans tout le corps. En l'espace de cinq minutes seulement, les cellules commencent à mourir, ce qui provoque des évanouissements, une vision floue, des crises d'épilepsie, etc. En fait, nous entrons dans un profond état d'inconscience qui, s'il n'est pas pris en charge, peut entraîner des dommages permanents, voire la mort.

L'attention a été détournée de Princesse pour me sauver la vie. Dieu merci, j'étais entre de bonnes mains, et dans les minutes qui ont suivi, j'ai retrouvé mon état conscient, mais j'étais toujours troublé à l'intérieur. Nous avions perdu notre bébé que nous n'avions jamais rencontré. Princesse souffrait toujours, mais en l'espace d'une demi-heure, elle avait été bien soignée et la douleur avait diminué. Nous sommes restés à la clinique pendant trois ou quatre heures, puis nous avons été autorisés à rentrer chez nous.

Kayla - Imfura

Après l'événement malheureux qui s'était produit l'année précédente, Dieu se souvenu de nous et nous avons conçu dans les quelques mois qui ont suivi. Je me souviens du jour où Princesse m'a annoncé la nouvelle. J'étais ravi que l'espoir de devenir parents soit à notre portée, mais en même temps, je tremblais intérieurement à cause de ce qui s'était passé quelques mois auparavant. Les 12 semaines suivantes m'ont semblé plus longues que toute la période de grossesse. J'ai demandé à Princesse de se reposer et de ne rien faire, car j'étais terrifié à l'idée de revivre la même expérience. Dieu merci, comme pour la première grossesse, il n'y a eu aucune complication. Le processus a été agréable et s'est déroulé sans heurts ; cependant, à cause de ce que nous avions vécu, j'ai vécu avec un certain niveau d'anxiété pendant le premier trimestre.

Le premier jour où nous sommes allés faire une échographie a été hypnotisant. Je pouvais entendre les battements de cœur de Kayla. J'ai eu l'impression d'être débarrassé d'un lourd poids, et l'anxiété s'est transformée en larmes de joie. À partir de ce moment précis, j'ai compris ce que cela signifiait d'être père. J'étais tellement impatient de rencontrer enfin ma fille et de la tenir dans mes bras. J'ai vraiment commencé à ressentir l'attente du jour où elle serait là avec nous de manière tangible.

Jeudi 28 juillet 2011, à 11h47, nous sommes devenus parents. Imfura (premier né) est née. Ce que cette expérience de devenir enfin parents m'a apporté ne peut pas être exprimé dans les quelques phrases de cette section. Avant cela, je ne savais pas ce que signifiait être appelé père, mais dès que j'ai coupé le cordon ombilical, tout s'est mis en place. Je me suis senti complet, fier, béni et, surtout, j'ai ressenti tant d'amour, de respect et de vénération pour ma Princesse, qui non seulement a fait de moi un père, mais qui a également vécu l'expérience de donner la vie à notre Imfura.

Alors que nous nous préparions à accueillir notre Imfura, nous avons prié, parlé et fait des recherches sur les noms. Nous voulions donner à nos enfants des noms significatifs. En faisant des recherches et en contactant des membres de notre famille et des amis en qui nous avions confiance, nous avons décidé, dans la prière, d'appeler notre premier-né Kayla, ce qui signifie « qui est comme Dieu ». C'est un nom dérivé de l'archange le plus proche de Dieu, l'archange Michel. Qui pourrait faire de nous des parents après l'événement malheureux que nous avions vécu l'année précédente ? À travers Kayla, nous avons vu la ressemblance de Dieu dans la miséricorde.

Dès sa naissance, Kayla a volé mon cœur. Sa mère et moi lui avons donné tout notre amour, sans rien laisser derrière nous. En outre, sa naissance a entraîné d'énormes changements dans notre vie familiale. J'ai été promu dans mon travail et nous avons déménagé dans une maison plus grande et plus belle, car nous étions financièrement plus à l'aise. Et surtout, nous nous sommes rapprochés à un niveau que nous ne pensions pas avoir encore atteint. L'amour et l'engagement que j'avais pour Estelle ont augmenté de façon exponentielle. Les quatre années qui ont suivi ont été les meilleures, au point que je ne pensais pas qu'il y aurait d'autres niveaux de joie à atteindre dans la vie.

Shayna - Bébé Miracle

Le moment était venu. Après presque quatre ans de vie de parents, nous avons fait confiance à Dieu pour une deuxième bénédiction. Alors que nous priions et faisions confiance à Dieu pour que le second miracle se produise, je revivais une autre sorte de peur et d'anxiété. Cette fois, ce n'était pas parce que je ne savais pas comment être et me sentir père. J'avais peur de ne pas avoir autant d'amour pour le deuxième enfant que pour le premier. Et si je n'étais pas capable de montrer le même amour ? Kayla a eu quatre ans lorsque nous attendions Shayna, ce qui signifiait qu'elle était un être humain à part entière avec des expressions. Elle monopolisait l'atmosphère de la maison ; toute l'attention était portée sur elle, et elle savait déjà ce qu'elle voulait en tant qu'enfant.

Cette question de savoir comment je pourrais être un parent aimant pour mes deux enfants m'a hanté pendant un certain temps, en fait jusqu'à la naissance de Shayna. Pendant la grossesse, je demandais à Princesse si elle pensait que je serais à la hauteur, et elle ne comprenait pas pourquoi j'avais si peur. Pour ceux qui ont eu l'occasion de connaître Estelle, elle était la personne la plus calme et la plus stable que l'on puisse imaginer. Elle savait comment gérer différentes émotions sans se déconcentrer. Elle m'a donc affirmé, à maintes reprises, que j'étais un père extraordinaire et qu'elle était si fière et heureuse que ses filles m'aient eu comme père.

Shayna est arrivée comme un bébé miracle. Bien sûr, sa sœur était un miracle, et tous les bébés sont des miracles du Créateur. Cependant, Shayna était un miracle dans tous les sens du terme. Pendant sa grossesse, les médecins ont remarqué que Princesse avait développée des déficiences cardiaques. Elle avait développé une déficience qu'ils soupçonnaient de provenir de la première grossesse perdue, ou qui aurait pu être présente auparavant, sans que l'on s'en aperçoive. Cela nous a mis tous les deux sous pression et, dans une certaine mesure, a accentué mon anxiété. J'étais tellement terrifié à l'idée que Princesse et Shayna ne s'en sortent pas.

La grossesse et la santé de la mère n'ont connu aucune complication ; cependant, les médecins - que Dieu bénisse les médecins - ont voulu éliminer tous les risques et nous ont suivis de manière stricte et régulière. Cette expérience n'était pas la meilleure que l'on puisse souhaiter vivre. Au lieu d'avoir des visites mensuelles, nous avions des visites toutes les deux semaines, ce qui m'a traumatisé. En tant que père et mari, j'étais limité dans ce que je pouvais faire ; je n'ai fait qu'observer et prier.

Le vendredi 13 novembre 2015, à 16 heures, Shayna est née. Alors que nous priions et décidions de son prénom, nous nous sommes sentis convaincus de rester dans la même lumière que sa sœur. Parce que Dieu est unique et ne ressemble à personne d'autre, nous avons choisi Shayna, qui signifie « Dieu est gracieux « et « beau «. Ce prénom reflétait parfaitement l'identité de ce magnifique bébé, beau à l'intérieur comme à l'extérieur, et gracieux dans tous les sens du terme. Lorsque je l'ai vue naître, j'ai été fasciné par la puissance de l'amour que j'ai ressenti. Shayna a suscité un niveau d'amour que je ne pensais pas avoir encore en moi.

L'amour que je craignais d'avoir accordé à Kayla s'est manifesté de manière intense, mais en même temps, il n'a rien enlevé à ce qui existait déjà, tant pour Kayla que pour sa mère. Shayna est née d'une manière miraculeuse, défiant les attentes médicales.

Notre famille de quatre personnes a continué à être bénie. Un an avant la naissance de Shayna, j'ai changé de travail et j'ai reçu une promotion qui nous a permis de faire en sorte que Princess reste à la maison pour s'occuper de nos filles. Le bébé miraculeux a été accompagné d'abondantes bénédictions qui ont permis à notre famille d'atteindre des niveaux plus élevés dans différentes dimensions de notre vie familiale. Même si nous n'avions pas beaucoup de ressources financières supplémentaires, nous avions suffisamment d'abondance pour vivre la vie que nous souhaitions ; dans de nombreux cas, notre coupe a débordé pour servir les autres.

Je T'aime Toujours, Princesse

Ceux qui ont la chance d'avoir des filles dans leur vie me comprendront mieux. Je ne veux pas dire que le fait d'avoir des fils serait différent, pas du tout. Cependant, d'après mon expérience, je pense que si elles ne sont pas équilibrées et contrôlées, les filles peuvent facilement s'emparer de l'amour d'un père et provoquer des déséquilibres dans le couple. Je me suis vite rendu compte qu'en tant que père, et en particulier père de filles, vous n'avez pas toujours raison à 100 %. Vous devez subvenir aux besoins de la famille, ce qui signifie que vous n'avez pas assez de temps pour vous occuper de votre amoureuse. D'un autre côté, si vous donnez tout votre temps, il devient presque impossible de fournir le niveau de provision requis. Ces exigences opposées, combinées à la présence de trois femmes - la mère et les filles - peuvent rapidement devenir un problème si elles ne sont pas contrôlées.

Princesse et moi avons décidé de nous surveiller mutuellement en permanence afin de ne pas laisser nos bénédictions détourner notre attention l'un de l'autre. Je dois avouer ici qu'il a fallu me rappeler constamment mes responsabilités, surtout au début de la vie de nos filles. J'ai vite compris que la meilleure façon d'aimer mes filles était d'accroître intentionnellement mon amour pour leur mère.

"L'un des plus beaux cadeaux que l'on puisse faire à ses enfants est d'aimer leur mère."

Nous n'avons pas cessé de sortir ensemble, de danser, de prier ensemble et de nous tenir la main comme nous le faisions au début, ni de prendre des nouvelles, de nous écrire des lettres d'amour et de nous donner des baisers en présence de nos enfants. Nous avons décidé de montrer à nos enfants l'amour que nous avions l'un pour l'autre, même lorsqu'ils n'étaient que des bébés. J'aborderai ce sujet en détail dans les chapitres suivants, mais j'ai compris plus tard que nos âmes savaient que ces années étaient ce que nous avions ensemble. Je n'ai pas appris cela de mes parents, et je suis sûr que Princesse n'a rien appris de tel de ses parents non plus ; mais d'une manière ou d'une autre, notre créateur nous a obligés à agir comme nous l'avons fait, et j'en ai vu les fruits même après avoir poursuivi la tâche par moi-même. Nous explorerons cela en détail dans la deuxième partie du livre.

"Les efforts et le courage ne suffisent pas s'ils ne sont pas accompagnés d'un but et d'une direction."
~John F. Kennedy~

Chapitre 5

Le Voyage De Ma Lumière Vers
Une Nouvelle Destination Finale

Après deux ans à mon poste chez Wolters Kluwer, où j'ai beaucoup voyagé, on nous a proposé de nous installer à Toronto, Canada. Ce fut une surprise totale. Nous n'avions pas eu de projets actifs au Canada depuis plus de trois ans, et soudainement cette opportunité s'est présentée et j'ai été sélectionné pour le projet. Après quelques mois d'allers-retours entre Toronto et Bruxelles, mon manager et moi avons convenu que la meilleure solution était que je déménage. J'ai compris plus tard que tout cela avait été orchestré par le ciel. C'est à Toronto que ma vie et celle de ma famille allaient connaître un changement bouleversant pour le reste de nos jours.

J'étais encore en route pour un long voyage, cette fois avec ma lumière et les fruits de notre amour, vers une nouvelle terre qui nous attirerait vers des bénédictions que nous n'avions jamais imaginées, d'une part. D'autre part, c'était un endroit où nous allions vivre un événement bouleversant qui marquerait nos vies à jamais.

Des rêves que nous n'aurions jamais imaginés allaient se réaliser sous nos yeux, à une vitesse que je n'aurais jamais cru possible. L'ancien couple de réfugiés et d'expulsés était prêt pour un voyage qui les verrait s'asseoir avec des chefs d'entreprise et conseiller les sages. Tout se passait si vite que nous n'avions pas le temps d'y réfléchir. Cela semblait trop beau pour être vrai.

L'enchaînement des événements dépassait notre propre compréhension et la matérialisation des résultats dépassait de loin tout ce que nous avions planifié ou imaginé dans notre vie. Mes antécédents et ceux de ma Princesse ne correspondaient pas à la vie dans laquelle nous entrions alors que nous nous rendions à l'endroit où nous allions nous installer comme nouveau foyer pour notre famille.

Un Autre Voyage

Il était temps de voyager à nouveau, de déménager dans un autre pays, et pas seulement avec Princesse, mais aussi avec nos deux filles. En 2010, j'ai décidé de partir d'Utrecht, aux Pays-Bas, avec ma jeune épouse, dans l'espoir de trouver refuge dans le pays voisin, la Belgique. Bien qu'il n'y ait pas de frontières physiques avec des agents de contrôle, il était très dangereux de voyager d'un pays à l'autre sans papiers d'identité légaux. Il y a des contrôles aléatoires et si vous n'êtes pas en situation régulière, vous risquez de graves conséquences, y compris l'emprisonnement et l'expulsion lorsque c'est possible. Les services d'immigration néerlandais ne m'avaient pas laissé d'autre choix que de prendre le risque de conduire ma Ford Escort d'occasion avec ma Princesse, dans l'espoir que nous atteindrions l'autre côté pacifiquement.

Cette fois, nous voyagions à l'échelle intercontinentale, en toute légalité et en tant qu'experts. J'ai voyagé entre Bruxelles et Toronto pour mon travail pendant six mois. J'étais constamment en décalage horaire, et les voyages faisaient des ravages sur mon corps et sur la dynamique de ma famille. Je manquais les étapes importantes de mes filles et je ne me sentais pas bien. Je me souviens que le premier jour où Shayna a commencé à manger des aliments solides, j'étais à Toronto et nous avons fait un appel vidéo pour que je participe à ce grand événement. Mon opportunité de carrière devenait un défi à gérer ; cependant, nous ne nous sommes pas plaints et j'avais le soutien total de Princesse.

Soudainement, mon supérieur m'a suggéré de me faire muter et de déménager au Canada avec ma famille. Cela visait à éviter de mettre en péril ma vie professionnelle et familiale. Je me souviens avoir appelé Princesse alors que je me rendais à l'aéroport pour retourner à Bruxelles. Je lui ai dit : « Chérie, j'arrive, mais tiens-toi prête. Nous reviendrons tous ensemble. » Elle a d'abord cru que je plaisantais, mais c'était fini : nous étions prêts à déménager.

Le 29 avril 2016, nous avons élégamment et fièrement pris le vol pour Toronto en tant que famille heureuse de quatre personnes. La différence entre ce voyage et celui de juillet 2010 n'était pas seulement que la famille s'était agrandie, mais aussi que nous voyagions en tant qu'experts chargés de fournir des services spécialisés à d'importantes institutions financières systémiques mondiales. Nous avons atterri à Toronto, une belle et grande ville que nous n'avions jamais vue auparavant. (J'étais déjà venu, mais en tant que famille, c'était la première fois que nous nous retrouvions dans une ville aussi grande).

Nous avons passé les deux années suivantes à vivre comme des diplomates. Je dois dire que la vie et Dieu avaient préparé une table aux yeux de beaucoup. L'ancien réfugié, qui a obtenu son diplôme, a dû déménager dans un autre pays et n'a pas pu s'intégrer facilement au marché du travail en raison de la discrimination, avec une famille qui a failli être séparée en raison de son statut de résident aux Pays-Bas, a été accueilli à Toronto avec sa jeune famille, et a fourni des solutions d'experts à des acteurs financiers mondiaux.

La vie était trop belle pour être vraie, comme on dit. Nous étions passés dans une autre dimension de la vie. Nous avions effectivement prospéré. Les deux années qui ont suivi, de 2016 à novembre 2018, ont été des années qui nous ont été rendues. Nous avons eu l'impression que les épreuves que nous avions traversées s'étaient toutes évanouies. J'avais l'impression d'être un roi qui avait vraiment pourvu aux besoins de sa reine et de ses Princesses dans son royaume.

J'ai pu offrir un niveau de vie que je n'avais jamais pu offrir auparavant. En d'autres termes, ce que je n'aurais jamais cru pouvoir offrir à ceux que j'aimais tant. Ma lumière a vécu ses deux dernières années de manière épanouie. Elle a pu retourner à l'école et terminer ses études supérieures parce que nous avons pu payer nous-mêmes. Nous avons pu employer une nounou pour nos bébés, ce qui a permis à Princesse de faire d'autres choses qu'elle aimait, et j'ai continué mon travail en toute sérénité. Elle a pu profiter de la vie et poursuivre ses rêves. Merci de m'avoir permis de vous rendre heureux !

Promesses Tenues

L'une des beautés d'une histoire d'amour réside dans les promesses et les rêves partagés pour l'avenir. On rêve d'un monde où tout se réalise, sans entraves ! Princesse et moi avions des projets pour vivre ces rêves, et j'avais promis de les réaliser, en tant qu'homme. L'une de ces promesses était de voyager pour découvrir des nouveaux endroits ensemble. Ce que je n'ai pas compris à l'époque, c'est l'importance du temps, le temps du « maintenant ». Je pensais que j'avais tout le temps de mon côté ; je pensais que le temps était assez long et que nous en aurions assez à l'avenir.

Lorsque la réalité s'est imposée et que notre famille s'est agrandie, nos projets ont commencé à changer. D'autres priorités ont pris le pas sur les voyages et les découvertes. Au fil du temps, j'ai réalisé que le temps n'était pas une denrée que je pouvais mettre en réserve pour un usage futur. Il fallait le dépenser sur place et maintenant. Je me suis rendu compte que le temps est une denrée qui a une durée de vie très courte et qu'il doit donc être consommé dans le présent et non avec la mentalité du « je le ferai plus tard ».

Or, Dieu sait combien de temps nous avons, et il entend les prières et y répond en temps voulu. Il nous appartient de reconnaître et d'utiliser le temps et ses bénédictions à bon escient, ou bien le cycle passe. Lorsque nous avons déménagé au Canada à la suite de ma mutation professionnelle, l'occasion de faire ce que nous n'avions pas pu faire s'est présentée. Nous étions financièrement stables et nos filles étaient encore jeunes et n'avaient pas l'obligation d'aller à l'école. Sans avoir vraiment prévu de faire beaucoup de voyages et de découvertes, nous nous sommes retrouvés à le faire. Nous avons voyagé dans des endroits où nous n'étions jamais allés ; nous avons profité de nos deux années de vacances pour vivre une vie que nous n'avions jamais imaginé pouvoir vivre.

Après la transition de Princesse, je me suis rendu compte que nous avions pu concentrer de nombreuses années de vie sur une période de deux ans, et que nous avions pu réaliser certains de nos rêves les plus fous de son vivant. J'ai alors compris la déclaration de Martin Luther King : « Il y a deux jours dans nos calendriers : aujourd'hui et le jour du jugement où nous rendrons compte de tout ».

Saisir l'opportunité d'aujourd'hui dans son intégralité est depuis lors devenu mon mantra. Je continuerai à vivre selon ce principe au mieux de mes capacités jusqu'à ce que je mette la main sur le deuxième jour de mon calendrier.

Princesse Retourne À L'école

L'espoir différé rend le cœur malade, mais un désir exaucé est un arbre de vie. Lorsque vous rêvez et espérez réaliser quelque chose, surtout lorsque vous savez que vous avez le potentiel de réaliser ce que vous espérez, et que vous ne l'atteignez pas, cela peut rendre insatisfait même le cœur d'une personne joyeuse et naturellement heureuse. Cependant, lorsque le désir de notre cœur est exaucé, il devient un arbre d'où jaillissent des ruisseaux d'eau vive.

Princesse avait abandonné ses études universitaires en raison des problèmes d'immigration aux Pays-Bas, son permis de séjour n'ayant pas été renouvelé. Elle n'a pas pu poursuivre ses études. Rétrospectivement, il lui a fallu faire preuve de résilience pour continuer à poursuivre avec bonheur d'autres rêves après avoir été forcée d'abandonner ses études à mi-parcours. Après avoir déménagé de force en Belgique, nous avons fini par reporter les deux années qu'il lui restait pour terminer ses études, la dynamique familiale ayant évoluée. Nous avons décidé de donner la priorité à l'équilibre de notre famille, car je gagnais bien ma vie et, plus tard, j'ai commencé à voyager pour mon travail. C'était un amour sacrificiel pour elle de reporter certains de ses rêves pour le bien de la stabilité de notre famille.

Lorsque nous nous sommes installés à Toronto, que notre famille s'est agrandie et stabilisée, elle est retournée à l'école pour terminer ses études. Elle a étudié l'ingénierie informatique et les tests de logiciels à l'All Canadian Collège. Une fois tous les cours terminés, elle a été placée en stage. Pendant cette période, elle a trouvé un emploi dans une compagnie d'assurance à Toronto. Tout se mettait en place. La vie était telle que nous l'avions souhaitée, et nous avions l'impression que toutes nos prières avaient été exaucées et que nous avions reçu plus que ce que nous voulions. Je gagnais très bien ma vie, ma Princesse avait fait ce qu'elle avait toujours voulu faire et avait terminé ses études universitaires, et nos enfants grandissaient bien et en bonne santé, dans un environnement dans lequel nous voulions qu'ils grandissent. Qu'est-ce qui pouvait bien aller de travers ? Nous vivions notre rêve. Notre vie était littéralement comblée.

Trouver Ma Raison De Vivre

Nous sommes la somme d'événements et d'expériences de vie qui nous ont façonnés d'une manière ou d'une autre. D'une part, nos antécédents, notre culture et nos expériences de vie peuvent devenir un escalier que nous utilisons pour découvrir et atteindre notre objectif de vie. D'autre part, ces événements de la vie peuvent également constituer des obstacles à notre progression et nous empêcher d'atteindre notre plein potentiel.

En grandissant, en tant que garçon et orphelin de père, je n'ai pas connu l'amour affirmatif tel que nous le connaissons aujourd'hui. Les garçons en général, et dans ma culture en particulier, sont censés être durs, ne pas montrer leurs émotions et devenir rapidement des hommes. Ce préjugé culturel dans mon cas ne signifie pas que l'amour n'était pas présent, bien au contraire. L'amour, et je dirais même l'amour authentique, était là et pouvait être ressenti.

Oui, j'ai grandi dans un environnement aimant, mais l'amour n'était pas exprimé de manière affirmative. Dans ma culture, l'amour ne s'exprime pas verbalement, surtout lorsqu'il s'agit de garçons. Dans ce contexte culturel, et comme je n'avais que des frères, notre amour s'exprimait principalement par le football et les batailles. Je savais que ma mère et mes grands frères étaient là pour moi tout le temps et qu'ils m'aimaient beaucoup, mais je ne savais pas que nous pouvions exprimer explicitement notre amour l'un pour l'autre. Je n'ai pas été exposé à l'amour expressif et affirmatif.

Lorsque j'ai voyagé et que j'ai été exposé à d'autres cultures, et surtout lorsque j'ai rencontré ma lumière, j'ai découvert que mon langage émotionnel et amoureux était celui de l'affirmation. Lorsque nous nous fréquentions en tant que fiancés, et surtout après que nous nous soyons unis par le mariage, j'ai compris ce qui me manquait le plus - j'étais toujours affamé de mots d'affirmation. J'ai réalisé que chaque fois qu'elle m'exprimait son soutien - chaque fois qu'elle me félicitait pour une tâche accomplie, chaque fois qu'elle me complimentait, chaque fois qu'elle me regardait dans les yeux et me disait « Je t'aime » - je devenais INVINCIBLE. J'ai littéralement découvert ma force intérieure et, dans une plus large mesure, ma valeur personnelle, grâce à l'affirmation de ma lumière.

C'est quelque chose que Princesse a réussi à faire sortir de moi. Elle a été la première personne à m'affirmer ouvertement. Elle a cru en moi même lorsque je pensais que je n'y arriverais pas, ce qui m'a poussé à faire des efforts supplémentaires et à y arriver. L'expression de son amour pour moi a été si positive dès le début de notre relation que ma vie s'est transformée à 180 degrés. Je suis devenu plus compatissant, plus travailleur, plus concentré et plus impliqué socialement.

Je ne savais pas que je pouvais être un bon mari parce que je n'avais pas de modèle ; j'avais été élevé par une mère monoparentale. Princesse a fait de moi un bon mari. Je ne savais pas que j'avais des talents cachés, comme la composition de chansons, le conseil et le mentorat. Princesse a vu cela en moi ; elle l'a confirmé et m'a aidé à m'épanouir. J'ai écrit ma toute première chanson après qu'elle a dit oui à notre voyage amoureux ; par la suite, le talent s'est développé et nous avons commencé à écrire des chansons ensemble.

On dit souvent que l'on donne ce dont on a besoin ou ce que l'on a, et c'est tellement vrai. Mes proches peuvent facilement l'affirmer ; je me surprends à affirmer les gens sans m'en rendre compte. Je suis une personne affirmative (mon langage d'amour le plus fort).

Avoir partagé mon amour et ma vie avec Estelle est l'expérience la plus marquante de ma vie jusqu'à aujourd'hui. Princesse n'était pas seulement une épouse pour moi ; elle était ma meilleure amie et, surtout, elle m'aidait à prendre mon destin en main. Je ne me souviens pas d'avoir décidé quoi que ce soit sans la consulter, depuis que nous avons commencé à nous fréquenter. Je peux témoigner que Dieu et la vie mettent des gens dans nos vies pour notre bien. Les gens dans nos vies sont là pour nous guider vers le but de notre vie.

"Vivre en parfaite harmonie avec son conjoint est possible, même à notre époque. L'ignorer, c'est priver votre vie de vie. Ne pas s'y efforcer, c'est faire preuve d'irresponsabilité."

Mon mariage avec Estelle m'a permis de vivre une vie épanouie et de découvrir le but de ma vie. Le véritable amour est possible. À l'apogée de ma vie, lorsque tout semblait réuni, la lumière que j'avais rencontrée s'est éteinte. Dans la phase glorieuse de ma vie, toutes les chances de la vie semblaient se liguer contre moi, et mes fondations étaient une fois de plus ébranlées, mais cette fois en dehors de mes paramètres contrôlables. Ma lumière s'est éteinte.

Lorsque ma lumière s'est éteinte, j'étais au plus bas de ma vie. Ce que je n'ai pas compris à l'époque, c'est comment, grâce à cette même lumière, j'allais pouvoir me tenir debout et finalement témoigner que même lorsque la lumière s'estompe, l'espoir demeure. Même en l'absence physique de la lumière, oser aimer, oser croire, oser espérer, oser se lever et ramasser des morceaux est toujours possible. Passons à la section suivante de ce mémoire.

TROISIÈME PARTIE

QUAND LA LUMIÈRE S'ESTOMPE

"Ma plus grande réussite est d'avoir réussi à persuader ma femme de m'épouser."
~Winston Churchill~

Chapitre 6

Quand La Lumière S'estompe

« Aujourd'hui est le dernier jour où vous verrez Estelle vivante, que direz-vous et comment vous comporterez-vous ? Qu'en est-il des rêves et des projets que vous partagez ? Qu'en ferez-vous ? Les laisserez-vous se taire avec elle ? » Telle est l'étrange conversation qui s'est déroulée entre moi et une voix invisible sur la banquette arrière de ma voiture, alors que je roulais sur l'autoroute 401, de North York à Toronto jusqu'au centre-ville, après avoir reçu l'appel selon lequel Princesse avait été transportée d'urgence à l'hôpital, le jeudi 8 novembre 2018, vers 16 h 30.

Sans comprendre ce qui m'attendait cette nuit-là, mon âme et mon esprit se préparaient déjà. L'homme en moi avait déjà lu le message écrit dans le prochain chapitre de ma vie qui était sur le point de s'ouvrir ; ce serait un chapitre de douleur et de chagrin, un voyage de la vie à travers les larmes et les labeurs, car la nuit la plus sombre de la vie était arrivée.

Il serait connu de tous, et il ébranlerait et bouleverserait mon monde - ce chapitre dont je n'avais jamais rêvé et que je n'avais jamais voulu lire. C'est ce chapitre que je préférerai lire dans le cadre de fictions et de pièces de théâtre aux décors irréels. C'est un chapitre que je ne souhaite en aucun cas voir dévoilé dans la vie de ceux que vous aimez et dont vous vous occupez. C'est en effet un chapitre du livre qu'aucun être humain ne devrait avoir à lire au cours de sa vie.

Malheureusement, à ce stade, j'avais déjà vu ce chapitre se dérouler dans la vie de ceux que j'aimais tant, y compris ma propre mère. Les paroles des sages résonnent encore : « Rien n'est nouveau sous les cieux, ce qui a été sera toujours ». Le cercle de la vie avait atteint mon rond-point et avait décidé de frapper à la porte de ma maison. La lumière est sur le point de s'éteindre, mais le voyage de la vie continue. La source de lumière va-t-elle éteindre sa luminosité, me demandais-je ? Aurai-je assez de force pour poursuivre le chemin ?

Dans ce chapitre, même s'il est difficile et émotionnellement épuisant de mettre tous les récits par écrit, je partagerai avec vous la façon dont ma lumière a été réduite au silence de ce côté-ci de l'éternité et a été transférée là où elle brille pour toujours. Je vous ferai revivre une série d'événements déchirants, sans chercher à présenter le message comme un guide applicable à la situation de chacun. En même temps, j'espère vous inspirer, en particulier ceux qui vivent des expériences similaires et se demandent s'il y aura à nouveau une place pour le rire dans leur cœur. Croyez-moi, chaque saison a son heure, et au fur et à mesure que nous les traversons, la vie prend de l'ampleur pour alléger le poids de la douleur endurée. Je crois fermement à la paix qui découle de la main invisible qui nous porte à travers nos blessures et nous aide à supporter une douleur inexplicable que nous ne pourrions pas endurer autrement. Comment survivre à la perte d'une mère, d'une épouse, d'un amour, d'un confident, d'un partenaire de vie, etc. et trouver encore la force de vivre ? Uniquement grâce à la paix personnifiée. La paix est réelle.

7 Novembre - Remise Des Diplômes

Le jour tant attendu est enfin arrivé. L'espoir qui semblait irréel était à notre portée. La remise des diplômes a été annoncée. Par la grâce et la bonté de Dieu, il s'agissait d'une remise de diplôme sans prêt étudiant ; le diplôme était entièrement payé. L'excitation et la gratitude pour ce jour étaient palpables. Nous pouvions voir la bonté de Dieu à l'œuvre dans la vie de notre famille. Nous n'étions plus qu'à quelques semaines du jour à célébrer.

La classe de Princesse devait initialement recevoir son diplôme le 26 novembre 2018, mais pour une raison qui m'échappe encore aujourd'hui, le collège a soudainement changé le jour de la remise des diplômes au 7 novembre. C'était une surprise, mais en même temps, je me sentais bien à l'approche de la célébration. J'ai compris pourquoi l'école avait changé le jour de la remise des diplômes après l'événement qui a suivi le 8 novembre. Si vous ne croyez pas en un créateur de nos vies qui en orchestre chaque détail, je crois fermement, au-delà de tout doute raisonnable, qu'il le fait. Je crois et je sais pertinemment que la date a été changée juste pour que Princesse obtienne son diplôme et finisse son voyage terrestre bien remplie. Sa joie devait être complète avant qu'elle ne quitte ce monde.

Je travaillais à domicile ce mercredi-là, et l'événement devait commencer vers 13 heures, heure de l'Est. Je me suis levé tôt, j'ai préparé les bébés à aller à l'école et j'ai laissé Princesse se reposer. C'était sa journée, elle avait donc le droit de se détendre et de ne pas faire grand-chose. J'ai commencé ma journée de travail en bas, dans notre bureau, jusqu'à ce que vienne l'heure d'aller à l'école où se déroulait l'événement. Nous y sommes allés tous les deux, car nous voulions vivre ce moment à deux. Je me souviens très bien de tout ce dont nous avons parlé sur le chemin de l'école ce jour-là.

Je me souviens que le soir même de la remise des diplômes, nous sommes rentrés à la maison et nous nous sommes réunis avec nos deux filles, mon jeune frère et ma jeune belle-sœur pour célébrer et remercier Dieu pour cette nouvelle étape que Princesse avait franchie pour elle et pour notre famille. Nous nous sommes amusés, nous avons mangé, puis nous avons pris le temps d'exprimer notre gratitude. Le tour de Princesse est venu, et elle a commencé par dire : « Je suis très heureuse et comblée. J'ai accompli tout ce pour quoi j'avais prié et demandé à Dieu. Je suis heureuse dans mon mariage, j'ai donné naissance à deux filles, je viens d'être diplômé, j'ai un travail et je suis en bonne santé ». Puis elle a conclu en disant : « Je n'ai plus rien à demander à Dieu. Maintenant, je ne peux que le remercier. »

Je ne savais pas qu'elle disait littéralement qu'elle avait terminé sa course dans cette vie. C'était la première fois que j'entendais Princesse faire des déclarations aussi fortes, mais à ce moment précis, elles ne semblaient pas correspondre à ce qu'elles étaient censées dire. Elle pensait chaque mot de ces deux phrases, et dans moins de 24 heures, elle était sur le point d'entrer dans un autre monde.

"Prêtez attention aux paroles de ceux que vous aimez. Cette dernière conversation pourrait bien être la dernière. Tenez-en compte, ils seront la force qui vous aidera à surmonter leur absence physique."

Chacun à notre tour, nous l'avons félicitée puis nous avons dit notre gratitude à Dieu.

Vers 20 heures, les bébés sont allés se coucher et la fête s'est poursuivie pendant un certain temps. Vers 21 heures, nous sommes tous allés nous coucher, et le lendemain, nous étions tous au travail et à l'école. Je me souviens que nous avons pris le temps de parler de la vie dans notre chambre. Princesse m'a posé une question qui m'a troublé avant même que je puisse y répondre. Elle m'a demandé ce que je ferais si elle devait s'en aller de l'autre côté de l'éternité. Cette question m'a pris au dépourvu, car il ne s'était rien passé qui aurait pu déclencher cette question. Je me suis demandé pourquoi elle me posait cette question ; à ma grande surprise, elle a insisté pour que je lui réponde. Avant de répondre, je lui ai demandé si elle avait l'intention de partir. Elle m'a regardé et m'a dit : « Pouvez-vous répondre à ma question, s'il vous plaît ? ». Je n'avais vraiment pas de bonne réponse à donner. J'ai dit : « Je ne ferais rien puisque vous êtes ici avec moi ».

Nous avons ensuite parlé de nos vacances de fin d'année et planifié nos congés au travail pour voyager avec les enfants. Puis Princesse a dit : « Au fait, nous devons planifier notre week-end sans les filles. J'aimerais vraiment que cela se fasse le plus tôt possible ». Nous avons convenu que pendant le week-end, nous allions chercher un lieu et réserver notre week-end.

Nous avons revu notre parcours depuis le jour de notre rencontre ; nous avons raconté les nombreuses bénédictions dont nous jouissions après tant de revers. À la fin, elle m'a tenu la main et a récité une autre prière, puis nous nous sommes reposés pour la nuit, comme tous les autres soirs. Sauf que cette nuit-là, c'était la dernière en tant que famille de quatre personnes.

Sensation Étrange

Le 24 octobre 2018, nous avions célébré notre 9ème anniversaire de mariage. C'était une grande étape en tant que couple - il ne restait plus qu'un an pour atteindre le cap du diamant. Nous avions déjà commencé à planifier la manière dont le dixième serait célébré ; nous allions renouveler nos vœux.

Je travaillais sur un projet avec l'une de nos institutions financières clientes à Toronto, et j'avais rendu visite au client sur place ce jour-là. Princesse était en congé, elle est donc venue me voir à l'heure du déjeuner et nous sommes allés déjeuner ensemble, juste tous les deux. Nous avions réservé un restaurant pour le soir, afin de fêter l'événement avec la famille plus tard dans la soirée.

Il s'est passé quelque chose d'étrange après que nous ayons terminé notre déjeuner. Nous nous sommes levés et avons commencé à prendre des photos et des selfies, et alors que je prenais une photo d'elle, une sensation étrange m'a envahi - une pensée a traversé mon esprit et j'ai vu une image. J'ai vu la transition de Princesse ; elle n'était plus en vie. J'ai eu la chair de poule et je me suis senti très mal à l'aise. Elle a remarqué que mon visage avait changé et m'a demandé ce qui se passait dans mon esprit, mais je l'ai balayé d'un revers de main et j'ai continué.

Après notre départ et mon retour au bureau, je n'arrêtais pas de penser à ce qui venait de m'arriver. De retour à la maison, j'ai raconté à Princesse ce qui m'était arrivé. À ce stade, je pense que vous savez que nous avions une communication ouverte ; nous en avons parlé, mais elle en a profité pour me taquiner sur la façon dont je l'aimais. Elle s'est moquée de moi en disant que j'étais tellement amoureux qu'elle ne savait pas comment je pouvais vivre sans elle, ce qui était tout à fait vrai. Après la partie amusante, nous avons prié à ce sujet et demandé à Dieu de nous donner la paix. Elle m'a assuré qu'il ne se passait rien et qu'elle n'avait pas l'intention de mourir de sitôt.

Cette pensée m'a cependant dérangé pendant un certain temps. Je me demandais pourquoi je me sentais ainsi, surtout le jour de notre anniversaire de mariage. Cela m'a vraiment perturbé de l'intérieur, même si rien de concret n'indiquait que cela se produirait effectivement dans moins d'un mois. Alors, quand elle m'a posé cette question - ce que je ferais si elle n'était plus là - dans la nuit du 7 novembre 2018, la scène de ce flash a été ravivée.

Je ne suis pas sûr que ces événements et bien d'autres que je n'ai pas consignés dans ce récit aient préparé mon moi intérieur à ce qui allait se produire et qui allait modifier la trajectoire de ma vie pour le reste. Quand je pense à tout ce qui s'est passé - les mots échangés, l'événement qui s'est déroulé, les remarques que faisait Princesse, la façon dont les bébés avaient commencé à se comporter différemment envers nous, etc... -, je suis fermement convaincue que nos âmes savaient que nous allions être séparées.

Pour donner un autre exemple de ce qui s'est passé une semaine auparavant, c'est-à-dire le jeudi, précisément une semaine avant la transition de Princesse, je suis allé la chercher au bureau après le travail. Alors que nous remontions la Don Valley Parkway depuis le centre-ville de Toronto en direction de North York, elle m'a dit qu'elle voulait appeler la banque pour vérifier une transaction étrange qu'elle avait remarquée sur sa carte de crédit. Nous avons composé le numéro dans la voiture - nous avions un compte commun et chacun de nous pouvait donc s'authentifier auprès de la banque. À notre grande surprise, la banque avait débité à tort six cents dollars. L'agent au bout du fil s'est excusé et a immédiatement corrigé le montant débité à tort.

Cet exemple m'a appris le pouvoir de la transparence dans le mariage. Si elle n'avait pas écouté ses intuitions concernant cette transaction, ou si elle n'avait pas été franche avec moi à ce sujet afin que nous puissions, ensemble, prendre les mesures nécessaires pour vérifier auprès de la banque, il y a fort à parier que j'aurais eu du mal à régler cette question avec la banque. Cela m'a également appris le sens d'une vie bien vécue. Elle ne nous a pas laissé de stress financier supplémentaire ; au contraire, elle a tout réglé avant qu'elle termine son voyage avec nous.

8 Novembre - Graduation Éternelle

Nous avions l'habitude de nous réveiller et de rencontrer les enfants dans le salon à 6 heures du matin pour prier ensemble avant de partir pour la journée. Je travaillais à la maison, donc tout le monde partait - Princesse allait au travail et les enfants à l'école et à la garderie, et je commençais aussi ma journée de travail après les avoir déposés.

Ce matin, cependant, j'ai ressenti quelque chose d'étrange, mais je n'ai pas su ce que c'était exactement. Le réveil a sonné, mais pour une raison inexplicable, je n'ai pas pu me réveiller. J'avais simplement l'impression d'avoir très peu d'énergie et je n'arrivais pas à décoller la tête de l'oreiller. Je ne dormais pas, mais je n'arrivais toujours pas à me réveiller. Je suis donc resté au lit.

Princesse n'a pas pris la peine de me forcer à les rejoindre dans le salon ; elle s'est réveillée, m'a saluée comme nous le faisions normalement le matin, puis s'est dirigée vers le salon pour prier avec les bébés. J'entendais Princesse et les bébés prier bruyamment dans le salon. Ils ont prié pendant une demi-heure, puis se sont préparés à partir. Après le petit-déjeuner, elle est revenue avec les bébés dans notre chambre et m'a embrassée pour me dire au revoir pour la journée. Je n'arrivais pas à sortir du lit. Je suis restée au lit jusqu'à 9 heures du matin, puis j'ai commencé à travailler. Je me suis senti très faible et j'ai failli demander un congé de maladie, mais je me suis débarrassé du poids que je ressentais et je suis descendu à mon bureau.

Comme nous en avions l'habitude, lorsqu'elle est arrivée au bureau, elle m'a envoyé un SMS pour me dire qu'elle était bien arrivée. Dans ce message, elle me souhaitait une journée productive et me rappelait à quel point elle m'aimait. J'ai répondu par les mêmes vœux, et nous étions prêts pour la journée. Nous avons continué à prendre des nouvelles l'un de l'autre, comme tous les autres jours, au cours de la journée.

À midi, elle m'a appelé pendant sa pause déjeuner. Curieusement, cette fois-ci, elle m'a appelé par téléphone, ce qui n'a jamais été le cas. Nous nous appelions toujours sur Face Time, sauf si nous nous trouvions dans des endroits où il n'était pas possible d'effectuer un appel vidéo. Elle mangeait confortablement, elle était seule et aurait pu m'appeler sur Face Time. Ce qui m'a surpris par la suite, c'est que cela ne m'a pas dérangé et que je ne me suis même pas demandé pourquoi nous n'utilisions pas l'appel vidéo. Nous avons parlé pendant quelques minutes, puis nous nous sommes dit au revoir, en nous promettant de nous revoir dans quelques heures. Nous avons terminé notre appel par « JE T'AIME ». Ce furent nos derniers mots l'un pour l'autre.

Je me demande encore à quoi elle ressemblait lorsque nous parlions au téléphone sans nous regarder. Avait-elle déjà été transfigurée ? Pourquoi n'ai-je pas activé l'appel vidéo une dernière fois alors qu'elle me disait à quel point elle m'aimait ? Cet appel était hors du commun, à tel point que même les actions changèrent leur cours normal. Il n'est pas étonnant que les heures suivantes se soient assombries. Il n'est pas étonnant que le souffle soit devenu lourd comme une pierre. Pas étonnant que la lumière ait diminué alors que le soleil et les étoiles brillaient. Pas étonnant que même la lune se soit retournée contre moi. La fin d'un chapitre était proche. Le système de transport en commun de la vie s'était arrêté chez moi et ne voulait pas repartir sans un passager. Le ciel avait décidé de perturber ma vie pour toute une vie.

Nous nous sommes ensuite envoyé des messages pour prendre des nouvelles, mais nous ne nous sommes plus jamais parlé - « JE T'AIME » ; « JE T'AIME AUSSI ».

8 Novembre - 15h53

À 15 h 53, j'ai reçu un appel du collègue de ma femme, m'annonçant qu'elle avait été transportée d'urgence à l'hôpital en ambulance à la suite d'un arrêt cardiaque. Au moment de l'appel, je ne connaissais pas le numéro, mais quelque chose m'a dit que cet appel n'allait pas m'annoncer de bonnes nouvelles. Je sentais au fond de moi que quelque chose était arrivée à Princesse. J'ai décroché et la personne au bout du fil m'a demandé si j'étais Willy, le mari d'Estelle. J'ai répondu en lui demandant si elle allait bien. Sa voix était tremblante et incertaine lorsqu'elle m'a informé que ma femme luttait pour garder son souffle. Puis elle a ajouté : « Nous avons appelé le personnel paramédical qui a essayé de la réanimer, mais son cœur battait à peine. »

L'inattendu avait visité ma famille. La chose que personne n'aimerait entendre venait d'entrer dans mes oreilles avec un bruit lourd comme de l'eau qui coule. J'avais été frappé au cœur.

Lorsque j'ai reçu l'appel, j'étais encore dans mon bureau, j'ai donc éteint mon ordinateur, je suis immédiatement descendu dans le garage et je suis allé chercher Shayna à la garderie. Kayla était à la maison avec sa tante, qui venait d'arriver deux mois auparavant pour ses études et qui logeait chez nous. J'ai déposé Shayna à la maison et je leur ai dit que je me rendais en ville pour voir leur mère. Ma belle-sœur m'a demandé si sa sœur avait des ennuis ; je lui ai répondu que j'en saurais plus une fois sur place et je lui ai assuré qu'il ne se passerait rien. « Restez avec les bébés,

dînez et dormez à l'heure si nous mettons trop de temps à rentrer à la maison. «

J'ai également appelé mon jeune frère, qui venait de déménager d'Edmonton à Toronto et qui restait avec nous pendant qu'il cherchait son propre logement. Je lui ai dit de venir à la maison pour rester avec les enfants. Il m'a demandé où j'allais, et je lui ai répondu la même chose : « Je vais en ville pour voir Estelle, et j'en saurai plus une fois sur place ».

Après avoir raccroché le téléphone avec le superviseur d'Estelle, j'ai fait une simple prière ; je ne pense pas avoir été conscient de ce que j'ai dit. « Dieu donne-moi la paix, garde mon cœur. » C'est tout ce que j'ai dit. Sur le chemin du centre-ville, j'étais calme. Je ne roulais pas vite et je ne savais pas quoi penser. Ce dont je me souviens, c'est que j'ai ressenti dans mon cœur une paix que je ne peux pas expliquer dans les lignes de ce livre. J'ai joué une chanson intitulée « You Made a Way », de Travis Greene. Cette chanson a été répétée pendant tout le temps que j'ai passé sur l'autoroute, de notre maison à l'hôpital.

L'idée m'est venue d'appeler ma mère et ma belle-mère. Je les ai appelées toutes les deux pour les informer de ce qui se passait. Je leur ai demandé de prier pour nous. Ma belle-mère, que j'aimais tant et qui m'aimait tant, m'a dit de rester fort, quelle que soit l'issue. Plus tard, elle m'a dit qu'elle avait senti que sa chère fille rentrait à la maison. Ce qui lui a fait le plus mal, c'est qu'elle soit partie avant elle. Elle avait souhaité passer avant elle, mais le ciel en avait décidé autrement.

HÔPITAL - Je suis arrivé à l'hôpital au bout d'une demi-heure environ. En entrant dans la zone de réception, j'ai dit que j'étais là pour voir ma femme, qui avait été amenée par une ambulance. Ils ont vérifié mon identité et m'ont ensuite escorté jusqu'à l'unité de soins intensifs. C'était la première fois que je me trouvais dans une zone de soins intensifs ; le personnel médical courait d'un côté à l'autre. Là, j'ai vu le collègue de ma femme, qui était venu avec elle, et son cardiologue était arrivé. Il me connaissait et s'est immédiatement dirigé vers moi.

J'étais si calme et si paisible dans mon cœur, mais quand j'ai vu l'expression de son visage, j'ai su que les choses n'allaient pas bien. Néanmoins, au fond de moi, quelque chose me disait que ma Princesse allait bien. Nous nous sommes serré la main et j'ai demandé : « Comment va ma femme ? » Il m'a immédiatement dit que les choses n'allaient pas bien. « D'un point de vue médical, je ne suis pas sûr que votre femme survive », a-t-il dit.

J'ai fondu intérieurement, mais je me sentais encore en paix. À cette époque, je n'avais pas encore pu voir ma femme. Elle était avec un spécialiste qui faisait tout ce qu'il pouvait pour lui sauver la vie. Au bout d'une quinzaine de minutes, j'ai demandé à voir ma femme. Je me sentais mal de ne pas être avec elle et de ne pas lui parler, quel que soit l'état dans lequel elle se trouvait. Je savais qu'elle m'entendrait, même si elle ne me répondait pas.

Le cardiologue est entré pour demander s'il pouvait m'autoriser à entrer. Une minute plus tard, il est sorti et m'a appelé pour que je rentre. Je me suis levé, mais je ne sentais plus mon corps. Vous vous souvenez des deux questions que l'on m'a posées dans ma voiture ? La même voix est revenue : « Si c'est la dernière fois que vous voyez Estelle vivante, que ferez-vous et que direz-vous ? Et les rêves et les projets que vous partagez ? Seront-ils réduits au silence avec elle ? » Cette conversation s'est déroulée alors que j'entrais dans la salle de soins intensifs où ma Princesse était soignée. J'ai répondu la même chose. Je vous dirai ma réponse ci-dessous.

Je suis entré dans la chambre et j'ai vu ma lumière allongée sur le lit d'hôpital avec des appareils de maintien en vie attachés à elle. Je ressentais toujours la paix en moi, mais mon corps ne voulait tout simplement pas l'accepter. J'ai littéralement fondu de l'intérieur et je me suis senti confus et impuissant. Ce qui m'a le plus frappé, c'est que ma femme était entourée de huit membres du personnel médical ; il y avait des machines partout, mais quand je la regardais, c'était comme si elle dormait. Si elle n'avait pas été à l'hôpital avec tout ce qui s'y passait, elle avait l'air de dormir. Ce contraste m'a troublé. Je voyais l'urgence qui se lisait sur le visage de ces médecins, et ils parlaient sans arrêt en termes médicaux, mais lorsque je regardais ma Princesse, les deux images ne correspondaient pas. Je me demandais comment on pouvait être dans un état critique et ne pas refléter la douleur. Ma lumière s'éteignait.

Toucher Sans Réponse

Je me suis approché du lit et je lui ai tendu la main. Pour la première fois, elle n'a pas réagi à mon toucher. J'étais perdu. Cela faisait 14 ans que nous nous étions rencontrés, et 9 ans de mariage, et il n'y avait pas eu un seul jour où ma lumière n'avait pas réagi à mon toucher - jamais. Comment pouvait-elle ne pas réagir, me demandais-je ? En entrant, j'espérais qu'elle ouvrirait les yeux et me regarderait. J'espérais qu'en la touchant, je verrais des larmes couler sur ses joues et que je les essuierais. J'espérais la regarder dans les yeux et lui dire que j'étais là et que nous étions dans le même bateau.

Rien de tout cela ne s'est produit. Je me suis penché vers elle et je l'ai embrassée sur le front, espérant toujours qu'elle me regarderait dans les yeux, mais rien ne s'est passé. J'étais tellement troublé de l'intérieur. Personne d'autre dans cette pièce n'a exprimé la même douleur. Oui, le personnel médical faisait son travail. Cependant, il me manquait quelqu'un que je pouvais serrer contre moi pour expirer. Ma respiration était si lourde, et mon cœur était lourd, comme une pierre dans ma poitrine. Je n'ai pas réussi à pleurer.

Les appareils de maintien en vie indiquaient qu'elle était encore en vie, mais elle était dans un état d'inconscience profonde. La salle était remplie de spécialistes qui faisaient tout ce qu'ils pouvaient pour la ramener à la vie, mais il était trop tard ; leurs efforts louables étaient vains.

Dans la minute qui a suivi, le médecin principal m'a demandé de m'asseoir à l'extérieur de la pièce ; ils allaient lui administrer des chocs électriques pour tenter de la réanimer. Un autre membre du personnel médical m'a accompagné, m'a fait asseoir sur une chaise et m'a demandé de m'allonger. Il m'a ensuite dit : « Veuillez prendre ce jus pour augmenter votre taux de sucre. Il se peut que vous manquiez d'oxygène car votre cerveau est en état de choc. » Je ne pense pas avoir goûté quoi que ce soit, mais j'ai quand même pris la boisson.

Nous sommes restés à l'hôpital pendant plus de quatre heures. Puis le médecin en chef est sorti de la chambre et m'a dit : « Votre femme sera partie dans exactement 15 minutes. Veuillez venir lui dire au revoir ».

J'ai crié et je l'ai supplié de faire tout ce qui était en son pouvoir pour ramener ma femme. Il m'a dit calmement : « Monsieur, j'ai fait tout ce que j'ai pu ; à ce stade, tous les organes vitaux sont défaillants. Le cœur de votre femme s'arrêtera complètement dans 15 minutes. S'il vous plaît, allez faire vos adieux. » Je me suis levé et je suis entré dans la chambre. D'une certaine manière, j'espérais encore que Princesse se réveillerait. Elle n'avait jamais fait cela auparavant ; elle ne m'avait jamais abandonné - pourquoi le ferait-elle maintenant, alors que nous sommes au sommet de notre vie ? Je croyais fermement qu'elle dormait parce qu'elle était aussi belle que le premier jour où je l'ai vue et qu'elle se reposait si paisiblement.

Faire Face À La Mort

En entrant dans la salle, à ma grande surprise, tout le monde s'en allait ; le silence s'est installé d'un coup. Tout le personnel médical est parti et a repris ses fonctions. Je me suis senti si seul. Je me suis senti abandonné. Je me suis senti complètement perdu. Il n'y avait plus que moi, face à la mort. Comment expliquer qu'en moins d'une minute, une salle remplie de gens se soit vidée comme si personne ne s'en souciait ? Je me suis demandé s'ils comprenaient vraiment ce que je vivais. Pourquoi ne pas rester pour me réconforter ?

Je ne pouvais pas pleurer. J'étais engourdi. Pourtant, j'ai ressenti la paix. J'ai regardé ma femme, la seule personne qui me connaissait de l'intérieur, la personne avec qui je partageais tout et rien, allongée là, sans réaction. Je lui ai parlé dans l'espoir qu'elle fasse au moins un signe de tête ou qu'elle me dise au revoir, mais je n'ai pas entendu sa voix et je n'ai pas senti qu'elle réagissait à mon toucher. Je lui ai demandé : « Princesse, pouvez-vous me dire ce que je vais dire à Kayla et Shayna ? » Pour la première fois, elle était allongée et semblait ignorer ma demande. Je vous épargnerai les derniers mots que je lui ai adressés. Je me sentais désarmé, perdu, confus. Je me suis allongé à côté d'elle, j'ai tenu ses belles mains douces, puis je l'ai embrassé pour lui dire au revoir. Je me souviens que notre cardiologue est entré et qu'il avait l'air confus. Il m'a consolé et s'interrogé pourquoi Estelle n'était plus là. C'était la première fois que je voyais un médecin spécialiste pleurer son patient.

Il l'avait vue il y a quelques semaines lorsqu'il avait fait tous les tests et lui avait annoncé la bonne nouvelle qu'elle était guérie de la déficience qui avait été diagnostiquée quelques années auparavant. « Comment cela a-t-il pu se produire ? Je ne l'ai pas vu venir », a-t-il dit. Puis il m'a serré dans ses bras et est parti.

Ma femme n'était plus là. Je m'en voulais de ne pas avoir pu lui sauver la vie comme je l'avais toujours fait. Je l'avais choyé, protégé, aimé et chéri de tout mon cœur. Comment ai-je pu la décevoir alors qu'elle avait le plus besoin de moi, je me le suis demandé ! Pour la première fois, j'ai perdu la bataille pour l'amour de ma vie. J'ai été confronté à la réalité, à la mort et aux limites humaines.

Le monde était devenu si petit à mes yeux que je ne trouvais pas de chambre où me réfugier. La force de ma jeunesse s'est éteinte et ma vitalité s'est affaiblie. Où était passé le jeune homme qui pouvait faire tout ce qui était en son pouvoir pour sauver son amour ? Comment expliquer cette perte ? Je n'ai même pas eu l'occasion de me battre avant que l'arbitre ne siffle le score final. Je me suis senti injustement jugé, le verdict était partiel. Au bout du compte, nos richesses et nos relations deviennent impuissantes ; seule la petite lumière intérieure nous porte.

"Au bout du compte, ce qui compte, c'est la lumière que nous portons en nous, le vrai amour et les souvenirs que nous chérissons."

J'étais seul. J'étais engourdi. Je ne pouvais pas quitter la chambre, mais le personnel médical devait poursuivre son travail. En sortant de la chambre, dans le couloir jusqu'à l'ascenseur, puis à l'extérieur de l'hôpital, j'ai ressenti le poids de la douleur et l'état d'incapacité dans lequel je me trouvais. Je ne pouvais pas reconnaître l'endroit où j'avais garé ma voiture, alors mon frère et les collègues de Princesse, qui étaient là, ont cherché pendant quelques minutes. Heureusement, mon frère était là pour me ramener à la maison.

Annoncer La Nouvelle À Nos Filles

Je suis rentré à la maison vers minuit, et dès que je suis entré, ma belle-sœur m'a demandé où était sa sœur. Je n'avais pas de mots. J'ai simplement hoché la tête et j'ai dit que j'étais désolé. Vous pouvez imaginer ce qui a suivi. Les bébés se sont réveillés. Je les ai pris toutes les deux dans mes bras, nous sommes entrés dans ma chambre et nous n'avons pas dit grand-chose. Ils m'ont demandé ce qui s'était passé. « Papa, où est maman ? Que s'est-il passé ? Pourquoi tonton et tantine pleurent-ils ? Pourquoi ces gens sont-ils ici ? » La nouvelle nous avait devancés et les gens avaient commencé à venir à la maison pour nous réconforter. Je suis toujours aussi reconnaissant de faire partie d'une communauté qui se soucie des autres.

Comment expliquer à un enfant de 7 ans et à un enfant de 2 ans que leur mère est partie et ne reviendra pas ? Comment leur expliquer la mort ? J'ai répondu que maman ne reviendrait pas. « Pourquoi ? demandèrent-elles toutes les deux. Maman est allée au ciel ; elle ne reviendra pas, mais un jour nous irons là-bas et nous la verrons ». Je les ai serrés contre moi jusqu'à ce qu'elles s'endorment à nouveau. Le voyage en solitaire ne faisait que commencer.

L'hommage De Princesse

Le lendemain, j'ai dû décider de la marche à suivre. Nous venions d'arriver au Canada et la majorité de notre famille se trouvait au Rwanda. Ma belle-mère, à l'époque, n'était pas en mesure de voyager, et je devais donc décider rapidement de l'endroit où je ferais reposer ma femme. J'ai réfléchi et je ne voyais pas comment je pourrais être en paix en sachant que ma belle-mère n'avait pas pu dire au revoir à sa fille. J'ai donc décidé que nous irions avec Princesse au Rwanda pour les cérémonies finales et les funérailles. Je n'avais aucune idée de ce que cette décision impliquait, mais c'était le moins que je puisse faire dans la mesure de mes moyens.

Je n'entrerai pas dans les détails de ce qui a suivi - l'organisation des cérémonies funéraires et le voyage au Rwanda pour les hommages de Princesse. Cependant, il convient de mentionner le pouvoir de l'amour. J'ai compris le pouvoir de l'amour qui dépasse celle de la mort. J'aimais Estelle si fort que je n'avais pas le droit de céder à l'insupportable chagrin de perdre mon âme sœur. J'ai compris que ce serait déshonorer son héritage, mes convictions, nos deux magnifiques filles et la vie que je mène encore, que de me laisser envahir par le désespoir lors de son décès. Il était douloureux, et il l'est toujours, de revenir sur cette expérience. Même le fait d'y penser me donne la chair de poule ; néanmoins, il y avait tellement de choses qui attendaient de moi que je reste fort et que je continue. La vie ne s'arrête pas lorsque nous souffrons ; elle ne nous laisse pas de répit pour que nous puissions continuer. Le rythme de la vie suit son cours.

J'ai prié Dieu de me montrer sa miséricorde, même dans l'ombre de la mort que nous traversions, moi et nos bébés. Dieu s'est montré à la hauteur. Il m'a apporté une paix et un calme intérieur que je ne pouvais ni comprendre ni expliquer. Des personnes du monde entier, dont je ne connaissais pas la majorité, se sont levées pour nous aider de toutes les manières possibles et imaginables. Le soutien que nous avons reçu dans le monde entier a rendu le poids plus léger, et nous avons pu organiser une cérémonie d'hommage pour Princesse à Kigali, au Rwanda, en présence de nos familles.

Il est terrible de perdre son conjoint, mais il est inexplicablement difficile de le perdre loin de sa famille, dans un nouveau pays et avec des relations limitées. J'étais très inquiet pour ma belle-mère. Elle était très proche et amie intime de sa fille. À ce moment-là, elle ne pouvait pas voyager et je ne pouvais pas faire reposer ma femme sans ma belle-mère. Elle n'aurait pas survécu au choc. Je l'ai appelée et lui ai dit que j'avais décidé d'organiser toutes les cérémonies et les funérailles à Kigali, où elle vivait.

Le fait d'avoir pu permettre à ma belle-mère de dire au revoir à sa fille la plus chère a été un tremplin vers la guérison. Il a été extrêmement difficile d'organiser toute la logistique d'un voyage international dans de telles circonstances ; c'était tellement épuisant sur le plan émotionnel ; mais le fait de pouvoir honorer ma lumière traditionnellement entourée de la famille et de ceux qui nous connaissaient bien, a quelque peu atténué la douleur.

Je saisis cette occasion pour remercier ceux qui, de près ou de loin, ont pensé à nous, ont prié pour nous et ont contribué d'une manière ou d'une autre à rendre le processus possible. Votre amour a été tellement ressenti au milieu de cette perte indescriptible.

Pendant les trois semaines d'organisation et de voyage, je me suis posé beaucoup de questions importantes. L'une d'entre elles était la suivante : si Dieu et la vie étaient venus me voir et m'avaient dit : « Nous avons pour mission de vous emmener, vous ou votre femme. Mais avant de le faire, nous voulons vous donner une chance de faire un choix, et nous ferons ce que vous choisirez. » Je me suis demandé, si ce scénario s'était produit, quelle aurait été ma réponse.

Ma réponse était au bout de mes doigts : Sans hésiter, j'aurais choisi ma Princesse pour partir en premier. Pourquoi ? Il y a deux raisons principales : D'une part, parce que la douleur et le vide de perdre sa moitié sont trop lourds, et que je ne souhaiterais pas, ne serait-ce qu'une seconde, que ma Princesse en fasse l'expérience. La deuxième raison est que je savais que si le paradis existe, ce que je crois fermement, ma Princesse serait dans un meilleur endroit. Il n'y a aucune explication logique possible qui me convaincrait que des personnes au cœur pur, comme Estelle, meurent et que tout s'arrête là. Il y a un meilleur endroit où ils vont.

"Si Dieu m'avait donné le choix, je choisirais toujours la même chose, parce que la douleur et le vide de perdre son amour sont si profonds que je ne pourrais pas me reposer en paix en sachant que ma Princesse a été laissée derrière avec un tel vide."

Jusqu'à Ce Que La Mort Nous Sépare

Pendant les deux semaines que nous avons passées à organiser le voyage au Rwanda, à obtenir les documents nécessaires et l'itinéraire de vol, j'ai pris le temps de réfléchir à ce qui était en train de se passer. Oui, j'étais encore dans une phase de déni total. J'ai regardé nos alliances ; j'ai revu nos projets et nos rêves. J'ai repensé à notre parcours de vie et à toutes les conversations que nous avions eues pendant toutes ces années, en particulier ces deux dernières années. Quelque chose a surgi dans mon esprit. J'ai été ramenée à l'adage « Jusqu'à ce que la mort nous sépare ».

J'ai médité sur la signification de ces sept mots. Signifiaient-ils que je m'éloignais définitivement d'Estelle ? Voulaient-ils dire que l'amour s'arrête à la mort du conjoint ? Que signifient-ils vraiment ? En continuant à réfléchir à ces mots, j'ai réalisé que les vœux que j'avais faits à Estelle avaient atteint leur date de validité - les vœux de rester ensemble, les vœux de fournir et de protéger, les vœux de nourrir et de soutenir fidèlement, les vœux de s'accrocher et de parcourir le chemin de la vie à travers les hauts et les bas, les vœux... Ils avaient tous atteint leur date de validité.

J'ai eu beaucoup de mal à accepter ces faits. Cette réalité semblait suggérer que mon amour pour elle atteignait également sa date de validité, ce qui n'était et n'est toujours pas le cas. Les vœux que nous nous étions faits l'un à l'autre avaient atteint leur date de maturité ; cependant, l'amour demeure, et c'est la force qui m'a soutenu dans la douleur insupportable du deuil. C'est l'amour qui se reflète dans les souvenirs que nous avons créés ensemble et dans l'impact que nous avons eu dans la vie de l'autre qui nous porte. Grâce au chemin parcouru en parfaite harmonie, cet amour permet au survivant d'honorer et de porter le flambeau jusqu'à ce qu'il soit transmis au suivant.

Au milieu de tout ce qui se passait, je trouvais encore le temps, quand tout le monde était endormi, de faire le point sur mes pensées. Je me suis réconcilié avec mon cœur et j'ai accepté que tous les vœux que j'avais faits à Princesse soient arrivés à maturité à la date de validité qui était arrivée à l'improviste. Même si cela était vrai, cela ne signifiait en aucun cas, que mon amour pour elle, atteindrait sa maturité ; sa validité est éternelle.

Alors, pour signifier ce que j'avais compris - les faits sont têtus - j'ai décidé d'enlever mon alliance. J'ai pris ma bague, ses deux autres bagues - la bague de fiançailles et l'alliance - et j'ai lu le passage de la Bible qui figurait sur notre carte d'invitation de mariage : Psaume 23, verset 6.

"Certes, ta bonté et ton amour m'accompagneront tous les jours de ma vie, et j'habiterai dans la maison de l'Éternel pour toujours."

Le dernier jour, dans une chambre de l'hôpital de Kigali, alors que je faisais mes derniers adieux, j'ai pris les trois bagues et les ai posées sur les doigts sans vie de Princesse. J'étais engourdi ; la douleur était si profonde que mes larmes se sont taries. Mes derniers mots ont été, alors que j'ai fait cet acte : « J'ai hâte de vous voir de l'autre côté de l'éternité. » J'ai laissé ma lumière s'éteindre parce que le ciel avait décidé de l'interrompre.

À ce moment précis, j'ai réalisé à quel point nos vies sont petites et courtes comparées à l'éternité. J'ai souhaité pouvoir racheter le temps que j'avais perdu dans de petites disputes. J'aurais voulu retrouver le temps de soutenir ma Princesse dans toutes les petites entreprises qu'elle entreprenait. J'aurais voulu passer plus de temps avec elle, plus de week-ends, plus de voyages, etc. Tout le reste n'avait plus d'importance face à la perspective de la vie éternelle.

Mes Adieux

Chères familles et chers amis réunis ici aujourd'hui, permettez-moi de vous remercier tous pour le soutien et l'empathie dont vous avez fait preuve au cours de ce long voyage que mes filles et moi-même avons entamé après le passage de notre Princesse et de notre reine de l'autre côté de l'éternité.

Je vous assure que je ne prendrai pas beaucoup de votre temps car je n'ai pas grand-chose à dire. Une chose que je voudrais mentionner, cependant, c'est que malgré le chagrin et la douleur qui sont plus profonds que les mots ne peuvent l'exprimer, je suis ici pour célébrer la vie bien vécue de ma Princesse de ce côté-ci de l'éternité.

Je voudrais donc vous inviter tous, en particulier ma famille, ma belle-famille et mes amis les plus proches, à fêter avec nous malgré la douleur et la séparation.

Mes notes d'aujourd'hui se concentreront sur ce que je pense que Princesse aurait voulu que je dise. Si je commence à parler d'elle, de ma vie avec elle, je vous assure qu'il nous faudra au moins quelques jours pour n'en couvrir qu'une petite partie.

La vie est comme un livre avec de nombreux chapitres. Certains ont des livres de 70 chapitres, d'autres en ont plus, d'autres encore en ont moins. Pour chaque chapitre, Dieu a prévu 365 pages. La taille de nos livres n'a pas vraiment d'importance, du moins pas pour Dieu ; la taille ne pèse pas lourd. Ce qui compte, c'est que nous avons tous reçu des stylos pour écrire ce que nous voulons que les autres lisent dans nos livres. Parfois, nous écrivons bien, par nos choix et nos actions. D'autres fois, nous n'écrivons pas bien. Indépendamment de ce que vous et moi avons écrit dans le chapitre actuel, un nouveau chapitre nous attend.

Alors que nous célébrons la vie de ma Princesse, je peux vous dire, au-delà de tout doute raisonnable, qu'elle a bien écrit ses 36 chapitres, en particulier le dernier. Je suis persuadé qu'elle se repose au paradis.

Je suis ici aujourd'hui, alors que nous célébrons sa vie, pour vous rappeler, ainsi qu'à moi-même, de faire tout ce qui est en notre pouvoir pour faire en sorte que le nouveau chapitre qui nous a été donné compte. Pourquoi ? Parce que nous ne savons pas si c'est le dernier chapitre ou non. Le dernier chapitre et la dernière page du livre de votre vie déterminent si ou non votre nom figure dans le livre de vie de Dieu. Ils sont la porte d'entrée de votre prochaine vie au-delà de la vue.

Le départ de ma Princesse ne m'a pas seulement brisé le cœur en tant que mari et père, mais il m'a aussi appris l'amour de Dieu et le paradis.

Dans son amour souverain, Dieu fait passer son propre intérêt en premier. Après tout, nous, les humains, faisons de même. Nous faisons tout ce qu'il faut pour arriver là où nous voulons et pour obtenir le meilleur de ce que nous pouvons faire.

Dans son amour souverain, Dieu ne fait pas de favoritisme. Il fait ce qu'il veut à sa manière et selon ses conditions.

Dans nos cultures, la plupart d'entre nous ici, lorsque l'on choisit une fiancée ou une personne à épouser, on étudie le caractère de la fiancée mais aussi celui de sa famille. Qui ne veut pas épouser une belle mariée, à l'intérieur comme à l'extérieur ? Qui ne veut pas épouser une personne issue d'une famille riche et connue, jouissant d'une bonne réputation ?

Cette expérience douloureuse m'a appris à remercier mon Seigneur, malgré le chagrin et la douleur indicible. Elle m'a aussi donné l'assurance et le réconfort qu'un jour je la verrai - qui ne veut pas rendre visite à sa fille lorsqu'elle est mariée à un gendre riche et beau ?

Le paradis est réel. Si ce n'était pas le cas, Princesse n'y serait pas allée. Elle était si prête, si heureuse et si désireuse de rencontrer son sauveur.

J'ai eu la crainte de Dieu. J'ai reçu tant de respect pour Dieu parce qu'il m'a défié, et que son amour l'a emporté sur le mien. L'amour et l'engagement que j'avais avec ma Princesse et nos magnifiques filles, seul Dieu pouvait les briser. Il ne s'est pas soucié (humainement parlant) du fait que mon père terrestre était décédé alors que je n'avais que deux ans. Il ne s'est pas soucié (humainement parlant) du fait que nous avions tant de projets l'un pour l'autre et pour nos filles. Non, il l'aimait plus que nous tous. Les chapitres du livre qui lui étaient destinés étaient bien écrits et il était temps de la rappeler à la maison.

Dieu nous apporte la paix et le réconfort à travers tout cela. Je dois dire que Dieu nous a donné une paix et un réconfort que nous ne pouvons pas comprendre. Comment expliquer que nous continuions à vivre alors que ma Princesse n'est plus avec nous ?

C'est Dieu qui sait le mieux. J'ai compris que seul Dieu comprend et sait tout. La seule option qui me reste est de choisir de lui faire confiance et de vivre pour bien écrire mes chapitres. Il me connaît mieux que je ne me connais moi-même. Il connaît aussi les deux petites Princesses qu'il m'a confiées. Il se souci de moi, même si je n'ai pas l'impression qu'il s'en soucie.

Je vis maintenant avec quelque chose à attendre. Je m'efforce de vivre une vie avec une perspective céleste. J'ai hâte de retrouver Princesse, avec le Seigneur, de l'autre côté de la rivière. C'est le plus grand défi que Princesse et son retour à la maison m'ont laissé.

En conclusion, je tiens à vous remercier tous, une fois de plus, pour l'amour et le soutien que vous nous avez témoignés. Nous ne pourrons jamais vous remercier suffisamment !

Ce sont les derniers mots que j'ai prononcés lorsque nous avons envoyé ma Princesse à son lieu de repos éternel. Retaper ces mots ravive toutes les émotions et, en même temps, éveille tous les sens de la gratitude envers Dieu pour nous avoir aidés à traverser cette épreuve. Avec le recul, cinq ans après le jour où j'ai prononcé ces mots, il est tellement vrai et bénéfique de choisir de vivre, même après avoir perdu la personne la plus précieuse, tout en faisant confiance à Dieu pour nous guider.

La Volonté De Dieu - Une Pilule Amère À Avaler

Je crois fermement à l'évangile de l'amour de Jésus, un amour pur qui n'est pas exempt de souffrance. Néanmoins, j'ai eu beaucoup de mal, et j'en ai encore, à comprendre la volonté de Dieu dans nos vies, car elle ne s'aligne pas toujours sur notre processus de pensée logique. Logiquement, si vous aimez quelqu'un, comme j'ai aimé Estelle et comme j'aime Kayla et Shayna, la dernière chose que vous voudriez, c'est de permettre à cette personne de souffrir, surtout si vous avez le contrôle sur les circonstances qui peuvent déclencher la souffrance.

J'ai fait et je ferai jusqu'à mon dernier souffle tout ce qui est en mon pouvoir pour les protéger et veiller à ce que rien de ce qui est en mon pouvoir ne puisse perturber leur vie.

Or, lorsqu'il s'agit de l'amour de Dieu, c'est le contraire qui se produit. Pourtant, je sais qu'il m'aime tant, et je sais aussi qu'il est tout-puissant et qu'il peut empêcher toute blessure de m'atteindre. Pourquoi me laisse-t-il encore souffrir ? Quelle est sa volonté à mon égard ? Je me suis posé la question au point de remettre en cause ma foi en Dieu.

Dans ma quête pour comprendre ce qu'est la vie et quelle est la volonté de Dieu pour ma vie, j'ai réalisé à quel point il m'aime. Oui, il sait que la vie est nulle et que la souffrance est inévitable. Bien qu'il ne l'approuve pas, il sait très bien qu'il arrivera que nous pleurions et que nous ayons mal, c'est pourquoi il choisit de rester avec nous pour nous aider à traverser cette épreuve.

C'est comme un parent avec ses enfants. J'en ai deux que j'aime plus que je ne pourrais jamais l'exprimer. Même si je sais que lorsqu'elles vont à l'école, elles peuvent se blesser - tomber et se tordre la cheville, subir des brimades, etc. Je les vois jouer dans la boue, je les vois manger sans se laver correctement les mains et je sais qu'elles peuvent attraper des bactéries, des virus, etc. Est-ce que je les empêche de faire des essais ? Non, mais je continue à les surveiller et à les aider lorsqu'elles tombent. Cela signifie-t-il que je les aime moins ? Absolument pas.

J'ai fini par comprendre que la vie comportera de nombreux revers, y compris la mort, mais cela ne signifie pas que la volonté de Dieu à mon égard est mauvaise, ni qu'il est moins aimant. Il continu à me soutenir même lorsque je ne le ressens pas, et cela fait de sa volonté une pilule très amère à avaler.

Dans le prochain chapitre, j'expliquerai comment j'ai surmonté la perte de ma chère épouse. J'ai délibérément appelé cette phase »honorer ma lumière ». J'aurais pu utiliser l'expression « faire son deuil », mais pour moi, il est plus logique d'honorer, car le deuil connote principalement l'aspect négatif du processus. Oui, il s'agit d'un voyage de deuil avec un sens d'honorer et de choisir intentionnellement de le faire afin de naviguer dans le deuil. Je vous remercie de m'avoir suivi jusqu'ici. Dans la suite de ce livre, je m'efforcerai de vous encourager, de vous inspirer et de vous rappeler que même quand la lumière s'estompe, il reste un espoir d'oser vivre à nouveau.

*"Je crois que l'imagination est plus forte que
la connaissance.
Que le mythe est plus puissant que l'histoire.
Que les rêves sont plus puissants que les faits.
Que l'espoir triomphe toujours de l'expérience.
Que le rire est le seul remède au chagrin.
Et je crois que l'amour est plus fort que la mort".*
~Robert Fulghum~

"Le chagrin est le prix à payer pour l'amour."
~La reine Élisabeth II~

Chapitre 7

La Vie Sans Ma Lumière est Possible Parce Que L'espoir Demeure

La vie est un parcours scolaire sans fin. Chaque étape est une nouvelle étape à laquelle nous devons nous adapter. Mais par où commencer lorsque vous venez de perdre votre conjoint à un très jeune âge et que la vie semble être dans sa phase glorieuse ? Par où commencer pour expliquer à un enfant de sept ans et à un autre de deux ans que leur mère, partie travailler le matin, ne reviendra pas pour de bon ? Comment se faire à l'idée de vivre une vie de veuvage, avec des responsabilités parentales, professionnelles et sociales, et l'appel de votre vie ? Qu'est-ce que vous abandonnez au profit de l'amélioration de la situation des autres ? Il y a des raisons valables de ne pas abandonner, mais comment faire et par où commencer ?

Ce sont toutes des questions valables et raisonnables auxquelles moi, et très probablement beaucoup d'autres, avons dû faire face d'une manière ou d'une autre. Ma discussion dans ces pages peut donc être différente des autres que tu as pu lire ou expérimenter. Je ne propose pas un manuel sur la façon d'y répondre et de vivre une vie après un événement bouleversant, mais plutôt un récit d'expérience personnelle dans l'espoir de t'inspirer sur la façon de naviguer dans ton revers spécifique.

J'ai perdu ma femme à l'âge de 38 ans. À ce moment-là, j'avais vécu dans cinq pays sur trois continents. J'avais interagi et m'étais mêlé à différentes personnes d'origines et de cultures diverses. J'ai connu la perte, le rejet et les épreuves, dès mon enfance, en grandissant dans un pays sans loi, jusqu'à mon adolescence dans un pays qui venait de subir la dernière tragédie humaine du vingtième siècle, le génocide contre les Tutsis au Rwanda. J'ai mûri pendant mon périple de réfugié en Occident ; puis j'ai réalisé mon potentiel le plus élevé - mariage et famille, éducation et carrière - dans les deux hémisphères du monde occidental, l'Europe et l'Amérique du Nord.

Aucune des expériences susmentionnées ne m'avait préparé à vivre après avoir perdu mon autre moitié. Mon diplôme de maîtrise ne m'a pas fourni les outils nécessaires pour gérer la perte et y survivre. Ma carrière réussie ne m'a fourni aucun outil utile ; au contraire, elle a exigé toute mon attention afin d'exceller et de continuer à fournir. Même mes croyances et ma foi ne m'ont pas préparé à gérer la douleur et la souffrance naturelles qui découlent de la perte de son compagnon de vie.

Nous n'étions au Canada que depuis deux ans, et la majorité de nos amis proches et de ceux qui nous connaissaient bien se trouvaient en Europe. Je suis naturellement une personne sociale ; lorsque j'arrive dans un nouvel environnement, j'essaie de nouer de nouvelles relations et d'établir de nouveaux liens. Le Canada n'était pas différent ; aussi difficile qu'il soit de se faire de nouveaux amis, j'avais réussi à établir des liens substantiels et significatifs avec des personnes de différentes communautés de la région des Grands Lacs d'Afrique : Ouganda, Burundi, Rwanda et Congo. Nous avions également fait partie de l'Église The Church on Queensway (qui est toujours mon église à ce jour), et il y avait aussi des collègues de travail, des collaborateurs et des clients. J'étais là, entouré de ma famille et de mes amis, mais seul et essayant de faire face à la réalité.

Je ne comprends toujours pas comment tout le monde a pu venir nous soutenir, moi et ma famille, dans cette période difficile que nous traversions. Je me souviens que dans les quelques heures qui ont suivi le décès de Princesse, notre maison était pleine de gens, dont la plupart que je ne connaissais pas et qui ne connaissaient pas du tout Estelle. Le lendemain, nous avons dû trouver une grande salle pour accueillir tout le monde pendant les deux semaines qui ont suivi. Voir tant de gens venir nous réconforter a été un acte d'amour en action dont j'ai été témoin.

À cette époque, j'étais encore engourdi. Mon processus de pensée était encore dans la phase de déni. Oui, ma femme n'était plus parmi nous, mais ma vie ne l'avait pas encore compris. Les deux questions que la voix invisible m'avait posées alors que je conduisais en ville étaient encore bien présentes dans mon cœur. Je m'en étais fait l'écho pendant les cérémonies, et je ne pouvais plus attendre. J'avais des choix à faire. Des vies dépendaient de ma réponse pour leur survie. L'espoir de vivre de mes deux fragiles et magnifiques filles, dépendait uniquement de ma réaction à la perte de leur mère et les actions qui en découleraient. La tranquillité de ma famille dépendait fortement de mon attitude et de mon bien-être. Va-t-il s'en sortir ? se demandaient-ils. Mes amis proches et mon cercle intime s'inquiétaient beaucoup et doutaient, dans une certaine mesure, de ma capacité à m'en sortir sans Princesse à mes côtés. Après tout, je n'étais qu'un jeune homme sans expérience de la gestion d'un foyer et de toutes les autres obligations, auxquelles s'ajoutait le deuil de ma bien-aimée.

J'avais des choix à faire, et j'étais le seul à pouvoir les faire. Personne, même si tout le monde se souciait de moi et se sentait concerné, ne pouvait m'aider à porter le poids et à faire avancer les choses. Il y avait deux options possibles et probables : soit sombrer complètement, soit espérer et aller de l'avant malgré la douleur insupportable. J'ai intentionnellement choisi de travailler à ma guérison, selon mes propres termes, et j'ai commencé le voyage immédiatement. La douleur était tellement intense que ne rien faire aurait été une perte totale.

"La douleur de la perte de Princesse était trop grande pour être gaspillée. Ce serait un déshonneur pour sa vie, pour Dieu et pour moi-même que de céder au désespoir et de perdre l'espoir en la vie."

Retour De Kigali

Pendant la période de deuil à Toronto et les deux semaines que nous avons passées à Kigali pour les cérémonies funéraires, nous étions entourés de notre famille et de nos amis. Je n'ai pas eu le temps de penser à moi et de réfléchir réellement à ce qui venait de nous arriver. Les bébés étaient également dans le même bateau que moi, et pour eux, rien n'avait de sens de toute façon. À un moment, elles jouaient avec d'autres enfants, et en un instant, leur humeur changeait.

Le 30 novembre 2018, nous avons repris le chemin de Toronto. Dès l'instant où nous sommes montés dans l'avion, le poids de la perte s'est abattu sur moi. J'ai réalisé que ce qui semblait être un rêve irréel, s'était réellement produit. Je voyageais de nouveau avec mes deux filles, sans leur mère, mon âme sœur. Mon corps était faible et mon âme abattue, mais je devais m'assurer que le voyage se passe bien pour les bébés et commencer à créer un environnement où elles se sentiraient en sécurité. Nous étions accompagnés de ma nièce et de ma belle-sœur, ce qui nous a beaucoup aidés pendant ce voyage de dix-huit heures.

C'était le samedi 1er décembre 2018, un lundi, Kayla et Shayna devaient retourner à l'école, et je devais aussi reprendre le travail. Nous avions passé quelques semaines sans presque dormir, et nous étions en décalage horaire. Je devais commencer à réintégrer les habitudes de dormir à l'heure pour les bébés avant qu'elles ne retournent à l'école, mais j'arrivais à peine à dormir.

Retour À L'école

La partie la plus difficile du voyage venait de commencer. J'avais une fille d'âge scolaire et une autre en garderie, dont les préparatifs et les attentes sont très différents. La fille d'âge scolaire était consciente, dans une certaine mesure, de ce qui s'était passé, mais elle n'arrivait toujours pas à donner un sens à tout cela.

Elle avait peur de retourner à l'école parce que tout le monde savait qu'elle n'avait plus de mère. Elle se sentait perdue et avait peur de voir ses amis ; elle ne savait pas comment gérer ses émotions. La plus jeune était complètement perdue ; elle n'arrivait pas à formuler ses questions car rien n'avait de sens dans son esprit. Elle allait bien à la garderie, mais comme elle ne savait pas ce qui se passait à l'intérieur, elle devenait agitée et avait besoin d'être tenue dans mes bras pour être en sécurité.

Heureusement, les deux écoles disposaient d'outils pour aider les enfants à gérer leurs émotions. Lorsque j'ai emmené Kayla à l'école pour la première fois, nous avons été chaleureusement accueillis par ses camarades de classe et ses professeurs, qui avaient préparé une grande carte en papier sur laquelle figuraient des notes réconfortantes. Ils l'ont tous entourée de câlins et l'ont mise à l'aise. C'était tellement émouvant que tout le monde était en larmes. On m'a demandé de rester pour voir comment elle s'adapterait. Après quelques minutes, Kayla, dans sa bravoure, est venue me dire : « Papa, tu peux partir. Je vais bien. Si j'ai besoin de toi, mon enseignant t'appellera pour que tu reviennes. » Elle m'a simplement rassuré et m'a permis de repartir. Ce sont des moments qui te rendraient fier dans des circonstances normales, mais dans ce cas, je me suis senti impuissant. J'avais l'impression de laisser ma fille sans assistance.

Ensuite, j'ai emmené Shayna à sa garderie. Je me souviens que nous nous sommes garés dans le stationnement ; je l'ai soulevé de son siège de voiture et, alors que nous montions les escaliers, elle m'a regardée et m'a demandée : « Papa, pourquoi maman est-elle au paradis ? Pourquoi est-elle partie sans nous ? » C'était une question posée par un enfant de 3 ans.

Je ne savais pas quoi répondre et je ne pouvais pas retenir mes larmes. Elle m'a alors regardée et m'a dit : « Ça va aller, papa. Ne pleure pas. » Je l'ai serrée contre moi, je l'ai embrassée et nous sommes entrés dans le bâtiment. Elle a également été accueillie avec joie par ses enseignants et ses camarades de classe. Une chose à noter à propos de Shayna, elle a commencé à parler quand elle avait environ un an et demi. Elle est très sociable. Ainsi, chaque fois qu'elle entre dans une pièce, sa présence est immédiatement remarquée. Elle avait beaucoup manqué à ses camarades de groupe. Elle m'a embrassé et m'a dit : « Au revoir, papa ».

Mon trajet de retour a été l'un des plus difficiles de ma vie. Je venais de vivre un événement épuisant auquel je ne savais pas comment réagir. J'ai eu la chance de travailler à la maison ; si cela n'avait pas été le cas, je ne suis pas sûr que je me serais rendu au bureau ce jour-là. Le premier jour s'est écoulé et tout a semblé bien se passer malgré les lourdes émotions que cela impliquait.

Lâcher Les Rappels Palpables

Jusqu'à ce moment-là, je gérais encore les effets secondaires de la perte de mon âme sœur. Je n'avais pas trouvé le temps d'affronter le chagrin intérieur et la connexion aux objets palpables qui représentaient mon union avec Estelle. Être occupé avec les filles et leurs activités scolaires et extrascolaires, passer mes journées à travailler et à interagir avec des collègues et à servir les clients, et les autres activités quotidiennes ont en quelque sorte accaparé mon attention. En réalité, la frénésie m'a servi d'outil d'évasion. Je n'avais pas le temps de m'asseoir et de réaliser ce qui venait de se passer, alors je me suis réfugié dans le déni.

Rien n'avait encore changé dans la maison. Tout dans la maison était encore identique, y compris les armoires. Dans ma chambre, les décorations et tout ce que l'on trouve dans une chambre de couple étaient encore intacts. J'ai toujours senti et ressenti la présence physique d'Estelle. C'était comme si elle avait fait un voyage d'affaires ou pour des vacances, et qu'elle reviendrait. D'une certaine manière, la configuration de la maison aidait et soulignait l'état de déni. Tous ses vêtements et autres possessions étaient là. La différence était simplement qu'elle était partie, mais on avait l'impression qu'elle reviendrait bientôt.

Aux alentours de Noël, le 23 décembre 2018, j'ai dû prendre une nouvelle décision de lâcher prise. J'ai personnellement pris le temps de prendre chaque objet, un par un, de les emballer dans un grand sac et de les charger dans la voiture pour les emmener au centre de don. J'ai sélectionné quelques souvenirs que je jugeais importants de garder pour les filles, mais tout ce qui devait être donné, j'ai pris la douloureuse décision de le faire moi-même.

C'est ce jour-là que j'ai pleuré et sangloté pour la première fois pour ma femme. Je n'avais pas eu l'occasion de déverser mon cœur et de laisser les émotions s'exprimer. En prenant chaque objet l'un après l'autre, j'ai eu l'impression qu'on m'enlevait une partie de ma vie. Il m'a fallu une demi-journée pour me débarrasser des objets qui se trouvaient dans notre chambre. Aussi difficile et douloureux que cela ait été pendant ces heures, après les avoir déposés au centre de don et être rentré chez moi, je me suis senti plus léger qu'avant de le faire. C'était le premier pas vers la prise de conscience de l'absence de Princesse dans ma vie.

Après m'être débarrassé des choses matérielles, j'ai ressenti l'absence totale de celle que j'avais aimé et avec qui j'avais partagé des souvenirs inestimables de ma vie. La maison me semblait complètement vide, d'autant plus que je travaillais à la maison pendant que Kayla et Shayna étaient à l'école. J'ai dû faire face à la réalité brutale du veuvage. J'ai commencé à écrire un journal (je partagerai certaines lettres que j'envoyais à Princesse, dans la section ci-dessous). J'ai perdu l'appétit pour presque tout, y compris les appels téléphoniques. Je ne recevais que les appels nécessaires en raison de mes responsabilités.

Gestion Du Ménage

Dans notre mariage, Princesse et moi faisions tout ensemble. Cependant, nous avions des rôles et des responsabilités bien définis. À moins que je ne sois malade ou absent, Princesse ne faisait pas le ménage seule. C'était à moi de passer l'aspirateur, de sortir les poubelles, de soulever les objets lourds et de réparer les choses dans la maison. Bien sûr, elle m'aidait, mais c'étaient mes responsabilités. Je donnais aussi le bain aux bébés pour qu'elle ait le temps de se préparer, puis elle s'occupait de leurs cheveux et de toutes les autres tâches finales.

En revanche, la cuisine (je ne cuisinais que le week-end), les courses et les vêtements, la budgétisation des dépenses du ménage, la planification des visites et des vacances, les devoirs avec les bébés et le fait de s'assurer que je faisais ce que j'étais censé faire, pour n'en citer que quelques-uns, relevaient de ses responsabilités.

Dans 80 % des cas, nous faisions toutes les tâches ensemble, mais en tant qu'homme, ma capacité d'attention était limitée. Il fallait sans cesse me rappeler où trouver les choses. Je cherchais une chemise dans l'armoire sans la trouver, alors qu'elle se trouvait juste devant moi.

Je devais maintenant m'occuper de toutes les tâches ménagères, tout gérer et aider les bébés à traverser le processus de deuil, tout en continuant à leur offrir un environnement sûr et sécurisé. J'ai dû apprendre à organiser la garde-robe des bébés et prendre des décisions quotidiennes sur ce qu'elles devaient porter, ce qu'elles devaient manger au petit déjeuner, ce qu'elles devaient emporter à l'école et ce qu'il y aurait pour le dîner, du lundi au dimanche. J'ai dû apprendre à cuisiner la variété de repas que préparait Princesse (elle était l'une des meilleures lorsqu'il s'agissait de cuisine créative). Je devais savoir où acheter les produits d'épicerie et les ingrédients/recettes nécessaires pour préparer des repas sains. Je priais et demandais à Dieu de me guider et de m'orienter vers les choses que je savais qu'Estelle ferait. Il m'arrivait souvent d'aller à l'épicerie et de prier pour trouver un article particulier ; et croyez-moi quand je vous dis cela : Tout se passait comme je l'avais prié. Lorsque je cuisinais, je priais Dieu de m'aider à préparer le repas comme elle l'avait fait ; à ma grande surprise, le repas était plus ou moins le même. Comment le sais-je, me diras-tu ? Kayla me faisait des compliments en me disant : « Papa, ton repas a exactement le même goût que celui de maman ».

Cela me faisait mal mais m'aidait aussi à sentir que les bébés recevaient toujours ce à quoi elles étaient habituées.

Pas Moi Mais Eux

Alors que j'apprenais à vivre et à faire les choses par moi-même, je ne voyais pas la nécessité ou l'importance de m'inclure parmi ceux qui avaient besoin de repos et de temps pour faire leur deuil. Je n'avais pas le temps de penser à mon bien-être ; tout ce qui comptait, c'était de m'assurer que les bébés étaient bien soignés, que le travail était fait et que je pouvais encore produire des résultats. Mon état ne semblait pas avoir beaucoup d'importance pour moi. Je pense que je n'ai pas vu à quel point le fait de ne pas prendre soin de soi pouvait être préjudiciable.

J'avais perdu du poids et de l'appétit, et le cours continuait à être le même. Je perdais mon énergie et mon corps était très faible. Je n'avais pas d'alternative et ma personnalité l'accentuait. Je suis une personne travailleuse et je ne me plains pas et ne montre pas facilement mes émotions. Ma famille et mes amis pouvaient remarquer la perte de poids mais ne me voyaient pas ralentir, et ils ne savaient pas comment me le faire comprendre.

Mon état d'esprit est programmé de telle sorte que, s'il y a quelque chose à faire et que c'est dans mes cordes, je laisse rarement une tâche inachevée. J'ai donc continué à ne pas me reposer, mais à travailler dur ; j'ai continué à faire comme avant. À un moment donné, ma nièce et ma belle-sœur m'ont confrontées et m'ont demandé de ralentir. Puis mon frère et d'autres amis m'ont dit la même chose ; mais moi étant moi, je ne voyais pas vraiment que je faisais plus que ce que j'étais censé faire. Oui, mon corps était faible, mais je n'étais pas malade, et il fallait faire les choses. Je devais m'assurer que tout le monde était pris en charge.

Mon parcours de vie m'a appris à travailler dur, à prendre mes responsabilités et à me tenir responsable de tout ce que je fais. C'est un caractère que j'ai développé dès mon plus jeune âge. J'ai également commencé à placer la barre de mes standards très haut. Je ne laisse pas les choses en suspens et je ne me plains pas non plus lorsque les choses vont à l'encontre de mes attentes. Lorsque Princesse est décédée, je suis devenue plus dur avec moi-même. J'avais l'impression qu'il ne me restait plus de place pour l'erreur ou la sous-performance. De plus, j'ai senti que mes filles avaient besoin de m'avoir à 200 %, comme leur père, leur mère, et tout ce qu'il y a entre les deux. J'ai senti que j'avais besoin et que je devais maintenir un certain niveau de vie sans me trouver d'excuses.

Au fil du temps, je me suis senti faible physiquement, mais je n'ai pas ralenti ni montré de signe de faiblesse dans ma façon d'aborder la vie en général. Ce n'est pas par ma force, mais d'une manière ou d'une autre, Dieu m'a soutenu et me soutient encore pour que je garde le rythme.

Éviter D'y Faire Face - S'autoréguler

J'ai fini par réaliser qu'en plus de ma personnalité, je me réfugiais dans ma frénésie. Le fait d'avoir toutes mes heures remplies de tâches à accomplir ne me laissait pas de place pour réfléchir et traiter la perte. Je me levais tôt et me couchais tard, pour pouvoir attraper un peu de sommeil, et le cercle recommençait le lendemain matin. J'ai commencé à lire sur la souffrance et le deuil pour m'évaluer. J'ai pris le temps de laisser mes émotions remonter à la surface ; je me suis rendu compte que je m'oubliais.

J'ai dû me regarder en face et faire intentionnellement de la place au processus de deuil. J'ai résolu de prendre le temps chaque soir, une fois les bébés endormis, de m'isoler dans le sous-sol et de m'exprimer. J'ai exprimé ma douleur, j'ai laissé sortir mes émotions les plus profondes, j'ai remis en question la vie et Dieu, et j'ai exprimé ma colère et ma douleur que je ne pouvais expliquer à personne de façon logique. Après avoir dit ce que je ressentais, je terminais toujours par une prière, demandant à Dieu la paix et la force. Au fil du temps, chaque jour était meilleur que le précédent.

Grâce à la lecture, à la méditation et une prise de conscience intentionnelle-auto-régulée, j'ai commencé à créer des routines et des processus reproductibles à suivre. J'ai établi un calendrier de routines à suivre quotidiennement. L'intention était de pouvoir dire non à certaines choses pour en faire d'autres, et en même temps de trouver la joie de vivre en continuant à me développer dans le nouveau voyage que j'avais commencé.

J'ai commencé à suivre ma routine et je me suis assuré d'avoir du temps pour moi afin d'épancher mon cœur et de traiter mes pensées. Le fait de pouvoir travailler à la maison m'a permis de planifier ma journée avec beaucoup plus de facilité.

Je suis le même modèle depuis 2018. Je ne prétends pas être perfectionniste ici ; il m'arrive de manquer quelques étapes dans mon emploi du temps, mais les lignes directrices de haut niveau m'ont aidé à assimiler ma perte et à gérer mon ménage et mon travail, tout en prenant soin de mon bien-être. Je suis toujours le même modèle à ce jour pour maximiser ma productivité, tout en gérant efficacement mon niveau d'énergie.

Vous trouverez ci-dessous un schéma de haut niveau de ce à quoi ressemble mon emploi du temps normal. Il devrait être en pleine page et en couleur, mais ce n'est pas le cas. Le tableau vous donne une idée de la façon dont vous pouvez programmer des routines reproductibles pour augmenter votre productivité, tout en gérant votre temps efficacement. Si vous voulez voir le véritable emploi du temps, téléchargez la version pleine page, en couleur et prête à être imprimée à l'adresse www.WhenLightFadesAwayHopeRemains.com, et adaptez-le pour en faire votre propre emploi du temps.

HEURE	LUNDI	MARDI	MERCREDI	JEUDI	VENDREDI	SAMEDI	DIMANCHE
06h00 - 06h30	Temps calme	Temps calme	Temps calme	Temps calme	Temps calme	Temps calme	Temps calme
06h30 - 07h20	Se préparer	Se préparer	Se préparer	Se préparer	Se préparer		
07h20 - 07h30	Emmener les enfants à l'école	Emmener les enfants à l'école	Emmener les enfants à l'école	Emmener les enfants à l'école	Emmener les enfants à l'école	Se préparer & Temps en famille	Se préparer & Temps en famille
07h30 - 08h00	Dévotionnel	Dévotionnel	Dévotionnel	Dévotionnel	Dévotionnel		
08h00 - 12h00	Travail	Travail	Travail	Travail	Travail	Tâches	Tâches
12h00 - 13h00	Pause midi	Pause midi	Pause midi	Pause midi	Pause midi	Pause midi	Pause midi
13h00 - 17h00	Travail	Travail	Travail	Travail	Travail		
17h00 - 20h00	Temps en famille	Temps en famille	Temps en famille	Temps en famille	Temps en famille	Temps en famille	Temps en famille
20h00 - 22h00	Temps pour moi	Temps pour moi	Temps pour moi	Temps pour moi	Temps pour moi		
22h00 -	Dormir	Dormir	Dormir	Dormir	???	???	Dormir

* Je ne fais pas toutes les tâches en même temps. L'emploi du temps m'aide à savoir quand faire quoi. Par exemple, pour le temps en famille, ce n'est pas tous les jours que nous faisons les devoirs. Ce n'est pas tous les jours que je travaille sur mon entreprise, que j'écris des chansons, etc. Le temps sert à faciliter mon classement par ordre de priorité et la répartition des tâches.

Légende

Temps calme : Se réveiller, s'hydrater, faire de la médiation et prier pour la journée devant moi.

Se préparer : Réveiller les enfants, prendre le petit déjeuner, préparer la boîte à dîner pour les bébés.

Emmène les enfants à l'école : Les enfants prennent l'autobus pour aller à l'école.

Dévotionnel : Méditation biblique, lecture motivante, réorientation de l'état d'esprit.

Travail : Réunions, priorités, activités d'équipe, etc.

Temps en famille : devoirs, jeux, lecture avec les enfants, amis, exercice, activités, etc.

Temps pour moi : Développement personnel, travail personnel, temps de prière personnel, tenue d'un journal, écriture et enregistrement de chanson.

La Prochaine Chose À Faire

Il n'est pas facile de rester motivé, de rester concentré et de garder une vue d'ensemble pour se permettre de voir le bout du tunnel. Il peut souvent devenir extrêmement difficile d'accomplir des tâches tout en gardant tes pensées saines.

Même si j'avais mis en place un processus de routine pour m'aider à organiser mes journées autour de notre vie de famille, chaque nouvelle journée apportait son lot de défis, et le poids de la solitude ne semblait jamais s'alléger.

Faire la prochaine bonne chose en cours de route, aussi petite soit-elle, était le seul moyen de m'en sortir. Je me suis dit que même laver cette cuillère après avoir préparé le thé, plier la couverture après avoir regardé la télévision avec les bébés, faire mon lit dès le réveil, ranger la vaisselle après l'avoir lavée, etc. était le seul moyen de faire de la place pour les tâches du lendemain.

Cela s'est avéré efficace au quotidien, en partant d'un endroit vide de tout travail reporté et inachevé. Il est devenu beaucoup plus facile de marcher avec les bébés jusqu'à l'aire de jeux voisine chaque après-midi si les autres petites corvées étaient terminées.

Même si je ne voyais pas, et ne vois toujours pas, comment sortir de ce voyage solitaire, le fait de concentrer mon énergie sur la prochaine bonne chose qui m'entoure m'a aidé à surmonter mon chagrin et à atteindre efficacement mes objectifs quotidiens, dans le contexte de ma vie. Dieu, qui m'avait apparemment abandonné, a continué à me porter, même dans les processus invisibles de la vie.

Lecture Et Écriture De Chansons

J'ai toujours aimé lire, en particulier des livres de motivation et de développement du leadership. Cela me procure de la paix et attise ma motivation à travailler pour m'améliorer dans différents domaines de ma vie. À mesure que la vie prend de l'ampleur, nous sommes plus occupés et nous avons tendance à ralentir les choses que nous aimions faire auparavant. À force de voyager et de déménager dans différents pays, je lisais de moins en moins. J'ai repris mes habitudes de lecture. La lecture était la seule conversation que j'aimais avoir, dans mon temps calme, quand tout le reste semblait silencieux.

J'ai lu la Bible, j'ai remis en question ses promesses et je me suis demandé si ma foi était vraiment réelle. J'ai également lu sur la souffrance, l'amour et le chagrin, et sur bien d'autres sujets, notamment l'argent et les finances (je suis économiste de formation et de profession). En continuant à lire, j'ai effectivement trouvé la joie et la paix intérieure. Je n'ai pas trouvé de réponses à mes nombreuses questions, mais j'ai trouvé la force de continuer. L'habitude de lire a également déclenché d'autres potentiels dormants que j'avais ignorés pendant un certain temps. J'ai réveillé mon talent pour l'écriture de chansons.

J'avais commencé à écrire des chansons lorsque j'ai rencontré Princesse, et nous avons continué à écrire des chansons ensemble. Le fait de déménager d'un pays à l'autre et d'élargir mes responsabilités a en quelque sorte atténué mon talent pour l'écriture de chansons, ce qui a eu pour conséquence que nous n'avons enregistré aucune de nos œuvres d'art. Au cours du voyage qui a suivi son décès, ce trait de caractère poétique a été ravivé. J'ai revisité des chansons que nous avions écrites il y a de nombreuses années, et j'en ai écrit de nouvelles, que j'ai fini par enregistrer sur mon tout premier album. Il y en a encore beaucoup que je n'ai pas encore enregistrées et qui sont toujours sur la liste des choses à faire, à la fois de l'ancienne liste et de la nouvelle que j'ai écrite au fur et à mesure que l'inspiration me venait.

Ces deux habitudes m'ont énormément aidé à gérer et à exprimer mes émotions comme je n'aurais pas pu le faire autrement. J'ai pu exprimer des mots inexprimés par le biais de chansons et traiter mes pensées et mes sentiments par le biais de la lecture. Quand je regarde les statistiques sur le nombre de personnes que ces simples chansons ont touchées à travers le monde, cela me donne une joie que mon chagrin ne peut pas m'enlever. Cela me rappelle à quel point nos vies sont grandes - nous ne sommes pas limités par les paramètres des circonstances de notre vie actuelle ; nous sommes plus que cela.

Réponse À Deux Questions

Les deux questions que m'a posées la voix invisible mais claire et audible dans ma voiture alors que je me rendais à l'hôpital le 8 novembre 2018 sont restées intenses et une voix qui résonne constamment dans mon cœur. Je faisais mon deuil et j'apprenais à remodeler notre vie, mais au fond de moi, les deux questions appelaient une réponse, et ce, sans délai.

Pour les récapituler, après avoir reçu l'appel téléphonique m'informant que ma femme avait été transportée d'urgence à l'hôpital après avoir fait un arrêt cardiaque alors qu'elle se trouvait au bureau, j'ai entendu une voix me demandant ce que je ferais et dirais, et comment je me comporterais si ce soir-là était la dernière fois que je voyais Estelle en vie. La voix a continué et m'a demandé ce que j'allais faire de tous les projets et les rêves que nous partagions. « Vas-tu les laisser se taire avec elle ? » avait demandé la voix.

J'ai réalisé plus tard que cette conversation préparait mon esprit à ce qui allait se passer et ouvrait la voie à l'après. Sur le chemin de l'hôpital, j'ai donné ma réponse, en disant que non seulement je serais fort, mais que je ferais en sorte que rien ne reste inachevé tant que j'aurais encore du souffle en moi.

Juste après le Nouvel An, en janvier 2019, j'ai pris le temps de répondre à ces questions une fois de plus, puis j'ai élaboré un plan d'exécution. J'ai pris note de tous les plans et rêves dont je me souvenais, y compris notre travail caritatif planifié à l'avance, et je me suis engagée à travailler de tout cœur sur chaque élément, quelle que soit la lourdeur de la douleur que j'ai ressenti en les revisitant tous.

La première partie de la question avait trouvé sa réponse pendant et après la période de deuil et les funérailles. En cette soirée du jeudi 8 novembre 2018, dans la chambre d'hôpital, j'ai fait le serment d'être fort, de me comporter comme un vrai croyant de la vie après la mort, et de m'engager à vivre avec un but tant que je respirerais encore. Bien sûr, il ne s'agissait pas d'une attitude ponctuelle ; elle nécessitait mon engagement intentionnel de façon constante, pour rappeler sans cesse à tout mon être d'être fort. Je me suis souvenu du psalmiste qui ordonnait à son âme de cesser d'être abattue, mais plutôt de faire confiance à son Dieu.

J'ai appris, pour la première fois, à me regarder droit dans le miroir et à confesser une affirmation au quotidien. Je suis humble et reconnaissant envers Dieu pour sa grâce qui m'a permis de naviguer à travers ce moment intense du poids atroce du chagrin. Le voyage est long, et même si nous ne sommes pas encore arrivés à destination, nous sommes loin de notre point de départ.

Acquisition D'une Maison

Notre rêve et notre projet d'acquérir une maison dans la région du Grand Toronto avaient été mis en pause. Après que l'inattendu se soit produit, j'ai dû faire un choix. Oui, nous étions bien lotis financièrement et notre demande avait déjà été approuvée, mais maintenant les projections de revenus n'étaient plus les mêmes. Même si j'étais toujours approuvé, le niveau de risque était devenu extrêmement élevé. Je me suis demandé si j'étais vraiment prêt à ajouter la grande responsabilité d'être propriétaire d'une maison sans rien sur quoi se rabattre, avec deux enfants en bas âge à élever. La motivation d'être propriétaire d'une maison disparaissait également. Je me suis demandé quel était l'intérêt d'avoir un foyer sans femme pour en prendre soin. Il me semblait qu'il serait impossible de faire d'une maison un foyer sans qu'il y ait une mère à l'intérieur.

Aussi irréaliste que cela puisse paraître à ce moment-là, la réponse n'était pas loin de mes lèvres. J'ai poursuivi mon plan. Je m'étais juré de ne jamais modifier un plan qui était à ma portée ; ce serait trahir la vie dont nous avions été dotés. Le 7 mars 2019, j'ai finalisé l'achat de ma première maison, avec une date de clôture fixée au 30 mai 2019. Je me sentais extrêmement heureux, avec un mélange de tristesse, à l'idée que cette belle maison nous servirait de refuge avec les bébés, mais sans Princesse. En même temps, je sentais que j'avais pris la décision qu'elle avait toujours soutenue, et je savais qu'elle était heureuse avec nous là où elle était.

Nous avons emménagé le 1er juin 2019. Depuis le premier jour où nous avons franchi la porte, notre Dieu a été fidèle et la vie a été vivable dans notre maison. Nous sommes en mesure d'accueillir des rassemblements de toutes tailles avec la famille et les amis. Elle est devenue notre Rehoboth, qui signifie « espaces ouverts », pour le temps où nous serons encore là. Notre maison est devenu l'endroit où nous célébrons et créons des souvenirs avec notre famille et nos amis. Notre maison a été ouverte dès le premier jour, et nous aimons accueillir des gens.

Fondation - Organisation Caritative

En grandissant, j'ai toujours rêvé de diriger une organisation qui aurait un impact sur la vie des gens et l'améliorerait. Parmi les nombreuses raisons pour lesquelles je suis tombé amoureux d'Estelle, son cœur de service occupait la première place. Nos rêves d'aider les autres se rejoignaient et c'était un pilier solide pour notre mariage. Nous avons commencé à répandre des actes d'amour vers l'autonomisation des jeunes et à conseiller différentes personnes, y compris des couples, et à aider les personnes marginalisées, en particulier au Rwanda et au Congo. Nous avons convenu qu'une fois que nous serions installés et que nos bébés étaient un peu plus indépendants, nous lancerions une organisation caritative basée sur la foi, où nous utiliserions nos talents et nos ressources pour donner aux autres les moyens de s'épanouir.

Au cours de ma conversation avec la voix invisible dans ma voiture, il était clair comme de l'eau de roche que le moment était venu pour moi de mettre en œuvre ce dont nous avions toujours rêvé. C'était une sonnette d'alarme pour ne jamais remettre à plus tard ce que je peux faire aujourd'hui. Je ne pouvais pas me permettre de voir les rêves et les projets que je partageais si chèrement avec Estelle être réduits au silence avec elle.

"La douleur de la perte d'Estelle était trop grande pour être gaspillée. J'ai donc choisi de travailler sur chaque projet avec ma dernière énergie."

Ainsi, dès notre retour des cérémonies funéraires à Kigali, j'ai commencé à travailler sur l'incorporation d'une fondation. J'ai enregistré la fondation Heart of Worship in Action (HOW Foundation - www.howfoundation.org), et elle a été officiellement incorporé auprès de la province de l'Ontario, le 28 juin 2019.

Vous pourriez vous interroger peut-être sur la raison d'être du nom que j'ai choisi pour cette noble organisation. Princesse et moi partagions de nombreuses passions ; je pense que c'est le cas de tous les couples, mais les deux principales passions qui nous animaient étaient l'adoration et le service aux autres. Lorsque nous avons commencé à composer nos chansons, nous avons donné à notre groupe le nom de « Heart of Worship ». Nous n'avions pas l'intention de faire de la musique d'adoration pour gagner de l'argent ; nous voulions simplement déverser nos cœurs dans la révérence au donneur de vie. Comme je l'ai déjà mentionné, nous aimions aussi servir les autres par différents moyens. Princesse, en particulier, imaginait toutes sortes d'initiatives pour donner le sourire à quelqu'un, et elle veillait toujours à ce que cela se fasse dans l'anonymat.

Lorsque le moment est venu d'enregistrer un nom pour la fondation, il m'est apparu évident que cette fondation était une extension de ce que nous avions commencé à faire il y a de nombreuses années, j'ai donc ajouté le mot « en action » pour former la Fondation Cœur d'adoration en action. Ce que nous avions fait de manière anonyme et informelle devait maintenant être mis en œuvre de manière visible.

Après l'incorporation dans la province de l'Ontario, j'ai également enregistré la Fondation HOW en tant qu'organisme de charité auprès de la Direction des organismes de bienfaisances de l'Office du revenu du Canada (numéro d'organisme de bienfaisance : 77330 8879 RR0001). Cette étape importante a permis à l'organisation de fonctionner pleinement aux niveaux national et international, en contribuant à l'amélioration de notre société.

Grâce à la fondation HOW, nous avons pu toucher des centaines de personnes. Nous avons donné aux femmes marginalisées et aux mères adolescentes au Rwanda, les moyens de lancer des activités génératrices de revenus, et nous avons aidé plus de 500 enfants de Mulenge, une région reculée du Congo, en leur fournissant des produits de première nécessité. Je connais bien Mulenge, j'y suis né. Je ressens une joie qui ne peut être échangée contre rien lorsque je vois un petit acte d'amour qui en dit long à des gens qui n'ont presque rien. L'un de ces actes est le refuge que nous avons construit pour un survivant âgé du génocide contre les Tutsis de 1994 au Rwanda. Quand j'ai vu à quel point le père était heureux d'avoir une petite maison, j'ai pleuré de joie.

J'ai de grands projets pour continuer à avoir de petits impacts, un à la fois, grâce à cette fondation. Je crois fermement au pouvoir de l'accès aux compétences et au capital. Lorsque ces facteurs clés sont accessibles à une personne, peu importe où elle vit ou les conditions de vie dans lesquelles elle se trouve, en ayant un accès direct à des compétences adéquates et à du capital, elle peut entreprendre des actions qui changeront le cours de sa vie de manière positive. C'est cela la FoundationHOW, et c'est ce que nous continuerons à viser. Avec le soutien de nos partenaires, nous porterons fidèlement et de manière responsable notre mission à un niveau supérieur. Vous pouvez soutenir mon action caritative en achetant des articles sur mon site web à l'adresse www.WhenLightFadesAwayHopeRemains.com.

Enregistrement De L'album

Le chant, et l'adoration en particulier, est ce qui a défini ma relation avec Estelle. J'ai commencé à chanter du gospel à l'école du dimanche, et à l'âge de 12 ans, j'ai rejoint la chorale de l'église ; depuis, j'ai toujours fait partie d'une chorale et/ou d'un groupe de gospel. Depuis l'époque où nous étions au Zaïre, lorsque nous avons déménagé au Rwanda, puis aux Pays-Bas et en Belgique, et maintenant au Canada, j'ai eu la chance de continuer à faire ce que j'aime.

Je n'avais pas écrit une seule chanson avant de rencontrer ma Princesse. Je crois qu'elle a joué un rôle important dans mon parcours d'écriture de chansons. La première chanson que j'ai écrite en 2006/2007 environ était basée sur le Psaume

139. C'était tard dans la nuit, vers 3 heures du matin, quand une forte mélodie m'a réveillé et j'ai pris ma guitare (je savais jouer quelques accords) et j'ai commencé à écrire. Le lendemain matin, j'ai appelé ma fiancée et je lui ai raconté ce qui s'était passé quelques heures plus tôt. Elle m'a demandé de lui chanter la chanson au téléphone, ce que j'ai fait, et elle était extrêmement contente. Elle était tellement excitée, plus que je ne l'étais moi-même, et elle m'a encouragé à continuer d'écrire. J'étais loin de me douter que je venais de réveiller un nouveau don que je ne soupçonnais pas.

Nous avons alors commencé à écrire des chansons ensemble, ou en solo, puis à les peaufiner collectivement. Alors que nous continuions à écrire, même avant notre mariage, nous avons commencé à parler de leur production. En discutant de cela, nous avons tous les deux sentis que le moment n'était pas venu. Nous avons convenu d'attendre le bon moment, lorsque nos deux cœurs se sentiraient prêts. Nous n'avons jamais eu l'intention d'en faire une carrière ou une source principale de revenus ; nous voulions simplement que nos œuvres soient une bénédiction pour ceux qui les écouteraient, quel qu'en soit le nombre.

Nous avons continué à remettre cela à plus tard, année après année. Des amis nous ont encouragés à produire nos chansons à plusieurs reprises, mais chaque fois que nous en parlions et que nous priions à ce sujet, nos cœurs n'étaient pas d'accord pour dire que c'était le moment de le faire.

En un rien de temps, lorsque l'inattendu s'est produit, j'ai été convaincu qu'il était temps de produire nos chansons. Il y a quelques années, j'ai rêvé que je chantais dans un grand stade, avec un grand orchestre et une chorale pour me soutenir. J'ai vu des milliers de personnes assister à cet événement, mais je n'ai pas vu Estelle sur scène avec moi. Je lui ai parlé de mon rêve et elle a répondu tranquillement en disant : « Peut-être que tu chanteras pendant que je m'occuperai des bébés. » Nous ne nous sommes pas vraiment attardés sur la question ; nous avons pensé qu'il s'agissait simplement d'un rêve étrange.

Lorsque j'ai sorti la première chanson, le 27 novembre 2019 - une chanson intitulée « Izina Ryawe (Ton nom) « , écrite par Estelle - après quelques semaines, elle comptait quelques milliers de vues sur YouTube (https ://www.youtube. com/c/WillyMGakunzi). Je me suis immédiatement souvenu du rêve que j'avais fait il y a quelques années ; ce devait être en 2013 ou 2014. J'ai compris que mon âme et mon esprit avaient préparé les chansons que nous avions mises sur les étagères, pour qu'elles soient chantées après le passage de Princesse de l'autre côté de l'éternité.

J'étais encouragé à continuer, et j'ai terminé mon premier album de 8 chansons en 2022. Ces chansons ont touché des milliers de personnes à travers les continents, et mon espoir est qu'au moins une personne ait été inspirée par elles. Je travaille sur mon deuxième album, que j'espère terminer cette année. La majorité de ces chansons ont été écrites il y a plusieurs années, entre 2009 et 2018. J'ai ajouté quelques nouvelles compositions qui font partie du premier album et de celui sur lequel je travaille.

Le chant a été l'une des choses les plus fortes qui m'ont aidée à faire face au deuil. Je continuerai à chanter tant que j'aurai encore du souffle.

Servir Dans Mon Église Locale

Trois mois avant que l'inattendu ne se produise, nous avions décidé de devenir des membres permanents de Church on the Queensway, à Toronto. Cela faisait plus de deux ans que nous fréquentions cette église en tant que visiteurs, et pendant cette période, nous n'étions que des membres qui assistaient à toutes les activités, mais qui ne faisaient aucun bénévolat. Nous ne voulions pas nous précipiter pour adhérer à l'église, car nous voulions être sûrs de prendre une décision réfléchie. Je crois fermement au message transformateur de l'Évangile de Jésus, et j'avais donc besoin de m'engager dans une communauté avec toute ma conviction.

Après un temps de prière et d'étude de la doctrine de l'église, nous avons été convaincus de franchir l'étape suivante et de faire de Church on the Queensway notre église locale. Nous avions également décidé qu'une fois devenus membres, nous commencerions tous les deux à servir dans l'équipe de louange. Lorsque le moment est venu de s'inscrire à l'audition, vers le mois d'août 2018, Princesse m'a surpris. Elle m'a dit que ce serait une bonne idée que je commence, et qu'elle me rejoindrait une fois que j'aurais commencé. Lorsque j'ai demandé pourquoi elle pensait qu'il était préférable que je commence, elle a répondu en disant qu'elle croyait en la hiérarchie familiale ; par conséquent, comme j'étais le chef de famille, je devais commencer, et elle me soutiendrait et me rejoindrait plus tard. Elle a également ajouté que ce serait « ton église », ce qui donnait l'impression qu'elle n'en faisait plus partie. Je n'ai pas compris ce qu'elle voulait dire jusqu'à ce qu'elle parte. Elle me disait que ce serait l'église locale à laquelle j'assisterais, avec les filles, sans elle. C'était si difficile à comprendre. Je me suis demandé si elle savait qu'il ne lui restait que deux mois.

Quand le temps est venu de rassembler mon énergie et de continuer à vivre en me concentrant sur la vie dans son ensemble, même si j'avais tellement de choses à faire qui exigeaient 100 % de mon attention et de mon engagement, j'ai également décidé de continuer à servir en tant que chanteur et jouer à la guitare acoustique pour l'équipe de louange. Les moments où je sers, tant lors des cultes principaux que dans le département des enfants le dimanche, sont ressourçant et apportent de l'espoir à mon âme.

Lettre D'amour Manquante

Le lendemain matin, je me suis réveillé sans sa lettre d'amour, et j'ai eu l'impression qu'une lance avait transpercé mon cœur. J'étais confus et je doutais de pouvoir tenir jusqu'au lendemain. Mon booster d'énergie quotidien était introuvable. J'ai commencé à revisiter les archives et j'ai continué à tenir mon journal sans aucune réponse. À quel point cette expérience était-elle difficile et déchirante ? Comment cela peut-il basculer d'un jour à l'autre, d'un débordement de bonheur et de contentement à un chagrin et une douleur ? Seul l'amour vécu en parfaite harmonie pouvait devenir mon lieu de réconfort.

Les souvenirs créés ravivaient la lumière déclinante sans ma princesse à mes côtés. Combien de temps cela va-t-il durer, me suis-je demandé. Certains jours, cela me semblait irréel, mais au fur et à mesure que le temps passait et que je ne voyais ni n'entendais ses paroles encourageantes, l'incroyable devenait un fait. Vais-je céder et m'effondrer complètement ? Et si elle me regardait et m'encourageait de l'autre côté ? J'ai senti sa voix qui disait : « Ça va aller », les mots exacts qu'elle disait lorsque nous traversions ensemble les défis de la vie. J'entendais sa voix douce et tendre prier pour moi avant de partir au travail. En effet, la prière est comme une graine que tu plantes mais dont tu ne manges de ces branches que des mois et des années plus tard. C'est le messager fidèle que vous envoyez vers votre avenir, et vous le trouvez attendant à la porte pour vous faire entrer.

Les souvenirs que nous avions construits ensemble, l'amour que nous vivions dans l'action et le sceau de la prière l'un pour l'autre, d'un commun accord, sont la tripartition qui nous tient fermement, moi et les bébés, et qui nous aide à garder l'espoir d'un avenir meilleur.

Lettres D'amour

La rédaction d'un journal et l'envoi de lettres d'amour à ma princesse ont été des exercices très éprouvants sur le plan émotionnel, mais ils m'ont permis de m'exprimer de façon libre et authentique. Il y a des maux de cœur que tu peux ressentir mais que tu ne parviens pas à expliquer en parlant. Lorsque tu es en deuil, des conversations constantes se déroulent dans ton cœur, ton esprit et tes réservoirs émotionnels, et le fait de ne pas les exprimer peut entraîner des résultats indésirables tels que la dépression et d'autres choses du même genre.

La plupart du temps, la victime - la personne en deuil - a peur de ne pas être comprise, surtout lorsque des facteurs culturels entrent en jeu. Un homme doit être fort et ne pas montrer ses faiblesses et ses émotions. Un homme ne doit pas pleurer ; ses larmes doivent couler de l'intérieur. Ce sont quelques-uns des mythes que j'ai entendus en grandissant, et j'ai été formé à me comporter en conséquence. Il n'est pas non plus courant, surtout dans ma culture, de voir un homme élever seul ses enfants après avoir perdu son épouse. Tous ces facteurs devenaient inexprimables, et le poids continuait à augmenter à l'intérieur.

J'étais pris entre deux feux. Comment être à la hauteur des attentes culturelles et sociétales, et en même temps exprimer votre douleur d'une manière qui ne finisse pas par vous détruire dans votre état de vulnérabilité ? Il faut une forte puissance émotionnelle et une intentionnalité de gazelle pour garder l'équilibre. J'ai entendu des commentaires qui m'ont brisé le cœur, non pas parce qu'ils étaient de mauvaise nature ou qu'ils étaient dits avec de mauvaises intentions, mais à cause du besoin, ou de l'envie, d'être compris. Ces commentaires bien intentionnés font vraiment mal et te laissent dans une solitude intérieure intense.

Il est naturel que lorsque tu parles à un parent seul, surtout après le décès de l'un des parents, les gens aient tendance à s'inquiéter pour les enfants. Je recevais donc des appels, et la première question était toujours : « Comment vont les filles ? ». Permettez-moi d'être vulnérable ici : Cette question s'enfonce dans le cœur de celui qui souffre comme une lance acérée. Je ne réponds jamais à cette question en utilisant le mot « elles ». Je réponds toujours calmement et gentiment par « nous ». Ma réponse serait donc : « Nous allons tous bien. Merci d'avoir posé la question. »

Ce que cette question communique vraiment à un cœur blessé, c'est que tu devrais être fort, et que les bébés sont les plus vulnérables. Tu es un adulte, tu devrais avoir surmonté cette épreuve à ce stade. Dans de nombreux cas, j'ai trouvé du temps pour moi et j'ai déversé mon cœur, en pleurant comme un bébé.

"Communiquer avec une personne en deuil est plus efficace lorsque les mots parlés sont moins utilisés, voire pas du tout. La présence sous toutes ses formes, physiquement ou par des prises de contact virtuelles, est le canal de communication le plus efficace."

Dans cet état, la seule personne en qui j'avais confiance et qui me comprendrait, même en l'absence de communication orale, était ma princesse. Mais comme je n'étais pas en mesure de lui montrer mon visage et d'autres expressions physiques de communication, j'ai choisi de commencer à lui écrire des lettres. Ces lettres se présentent sous la forme de récits de mes journées, de mes sentiments, et parfois de demandes de conseils sur différents sujets. Je sentais sa présence et j'étais bien compris. Je ne partagerai pas toutes les lettres que j'ai écrites au cours des cinq dernières années ; cependant, j'en ai sélectionné quelques-unes que j'ai jugées adaptées à notre conversation dans ces pages du livre.

8 Mai 2019 - Six Mois D'un Voyage Incertain Et Effrayant Sans Toi.

Chère Princesse,

Aujourd'hui, cela fait exactement six mois, jour pour jour, que nous sommes sans toi dans notre vie. C'est le 8 novembre ,2018, vers 13 heures, que j'ai entendu ta douce voix pour la dernière fois. Nous étions loin de nous douter, moi et les bébés, que tu étais sur le point de voyager de l'autre côté de l'éternité, où nous ne pourrions ni t'entendre ni te toucher. Tu étais si heureuse le jour de ton départ. Tu venais d'accomplir ce pour quoi tu avais travaillé avec tant de diligence. Tu venais d'obtenir ton diplôme et de commencer ta nouvelle carrière. Comment se fait-il que tu sois partie alors que tu étais si jeune et si épanouie ? C'était tellement inattendu que je n'ai pas réalisé que tu ne reviendrais pas.

Je ne peux m'empêcher de penser, ou du moins de souhaiter, que tu viennes un jour me demander comment je m'en sors avec les bébés. Je pourrais alors te raconter comment nous survivons chaque jour sans toi, et les pleurs et les questions sans réponse qui nous traversent l'esprit à chaque seconde de chaque jour. Je rêve et j'aimerais qu'il y ait un numéro de téléphone que je pourrais appeler, et avec un peu de chance, tu me répondrais, et je te dirais comment Kayla et Shayna vont. Cela fait six mois ; comment est-ce arrivé ? Comment le ciel a-t-il décidé de t'emmener alors que tout était réglé pour nous ? Comment le ciel a-t-il permis à Kayla, Shayna et moi de traverser cette période angoissante ? J'aimerais pouvoir te tendre la main et te parler ; j'aimerais que tu sois partie pour un court séjour, et que tu reviennes pour raconter comment la vie est de l'autre côté. J'aimerais que nous puissions nous retrouver d'une manière ou d'une autre, ici ou là. Je pense que mon cœur et celui des bébés seraient inexplicablement heureux. Je souhaite simplement que tu ne sois pas partie. J'aurais aimé que tu restes pour rire, aimer, vivre et profiter avec nous. Mais qui suis-je pour remettre tout cela en question ? Ai-je planifié le jour où tu es venu au monde ? Ai-je même planifié et/ou coordonné le jour où nous nous sommes rencontrés ? Ai-je joué un rôle quelconque dans la naissance de Kayla et Shayna, si ce n'est celui d'un agent passif ?

Maintenant que tout ce que je souhaite ne peut pas se produire, du moins de manière physique et palpable, laisse-moi te raconter comment ces six mois se sont écoulés. Dès que j'ai reçu l'appel, mon cœur et mon corps se sont figés. Je ne savais pas quoi penser ni quoi faire. Cependant, il y avait une sorte de paix dont je ne savais pas d'où elle venait, mais elle devait certainement venir de Dieu. J'ai commencé à imaginer ce que je dirais si l'inattendu se produisait. J'ai commencé à rassembler mes idées sur ce que je dirais, sur la façon dont je parlerais à Kayla et Shayna, et sur la façon dont la vie allait changer. Tout cela m'est venu à l'esprit comme un film, mais je ne pouvais tout simplement pas imaginer que c'était effectivement en train de se produire.

J'étais là dans la chambre quand tu n'avais plus la force de me parler. J'étais là quand les médecins ont essayé de te faire respirer. J'étais là, confus et impuissant. J'étais là à regarder à quel point tu étais paisible alors que tu étais allongée et que tu essayais de garder ton souffle. Je voyais clairement que tu entendais chaque mot que j'essayais d'exprimer. Je t'ai rappelé à quel point je t'aimais ; je t'ai supplié de rester, et je sais que tu voulais répondre, mais ta force physique s'estompait, et ton heure approchait rapidement que tu ne pouvais plus tenir. J'ai prié, mais le ciel semblait m'avoir tourné le dos alors que tous ses habitants attendaient impatiemment d'accueillir la Princesse que tu es. Toute l'armée céleste m'avait tourné le dos et était entièrement concentrée sur la porte d'entrée par laquelle tu entrais. Cela signifie-t-il que le ciel m'a abandonné ? Je ne le pense pas ; cependant, il l'avait décidé contre ma volonté.

Si tu te souviens bien, les derniers mots que je t'ai adressés étaient ceux du pardon. Je voulais, tellement, m'excuser pour toutes les choses stupides et idiotes que j'avais faites. Je voulais t'entendre dire que tu me pardonnais. Je sais que je t'ai aimé sans limite et que je n'ai jamais douté de ton amour inconditionnel, mais je sais aussi avec certitude que j'ai eu tellement de défauts, et je voulais m'assurer que tu partes heureuse.

Chaque jour depuis le jeudi 8 novembre 2018 est très différent sans toi. J'ai commencé à imiter ta cuisine ; parfois je réussis, mais d'autres fois, je fais juste quelque chose pour suivre le rythme de la vie. Kayla me dit tous les jours à quel point elle est reconnaissante que je cuisine comme toi ! Cela m'encourage mais me brise aussi le cœur de savoir qu'elle ne te reverra jamais marcher sur cette planète. Tu sais à quel point sa mémoire est bonne ; elle se souvient de tout, et elle n'arrête pas de me rappeler les choses que nous avions l'habitude de faire ensemble, ici et en Belgique. Elle est comme toi. Shayna est devenue une grande, belle et extrêmement intelligente fille à toi. Elle est aussi intelligente que toi. Avec son caractère dominant, elle impose parfois ses propres règles, ce qui peut être très difficile à gérer, surtout en sachant que tu ne peux pas me dire comment contourner cela. Elles me posent toutes les deux des questions très difficiles, étant aussi intelligentes qu'elles le sont, et cela me brise le cœur que tu n'en fasses jamais l'expérience sur cette planète appelée terre.

Cinq jours après ton départ, Shayna a eu trois ans et Kayla a aidé à organiser sa fête d'anniversaire. Je m'assure toujours que tout ce qu'elles reçoivent ou toute activité que nous faisons, je leur dis que c'est ce que tu voulais que je fasse ou que j'obtienne pour elles. Nous essayons maintenant de faire des activités qui contribuent à notre bonheur, mais rien jusqu'à présent ne donne autant de joie et de satisfaction sans ta présence. Après tout, comment puis-je être complet sans toi ? Comment faire pour tenir jusqu'au lendemain matin ?

Il y a beaucoup de choses que j'aimerais partager avec toi, mais je dois maintenant courir chercher Kayla et Shayna à l'école, puis préparer le dîner et trouver le temps de prier et de jouer avec elles avant d'aller au lit. Mais avant de conclure cette lettre, je voulais partager avec toi certaines des questions qu'elles m'ont posées, et certains de tes rêves que nous avons portés et que nous avons pu accomplir.

Kayla demande : Comment vais-je vivre sans maman ? Elle était la meilleure maman du monde entier.

Shayna demande : Pourquoi maman est-elle allée au paradis sans nous ?

Les deux demandent : Que se passera-t-il/qui restera avec nous si tu vas aussi au ciel, papa ?

Ce sont là quelques-unes des questions les plus difficiles auxquelles je suis confronté presque tous les jours depuis ton départ. Que dois-je répondre ? Ma réponse habituelle est que tu es toujours avec nous, même si nous ne pouvons pas te voir, et que Dieu sait mieux que nous ce qui nous attend.

Tu te souviens que nous voulions acheter une maison ? Devine quoi ? Nous en avons finalement trouvé une qui t'aurait plu. Dès que je suis entré dans cette maison, j'ai dit à Helen (l'agent immobilier) que j'allais l'acheter parce que c'est ce que tu aurais aimé. C'est une maison individuelle de trois chambres et elle est très belle, surtout le coin cuisine. Nous emménageons le 31 mai mais je sais que ce sera difficile de vivre dedans sans toi.

Dieu a été fidèle. Je souffre encore, mais il me donne la force de continuer, et les bébés sont en très bonne santé et heureux, comme tu le souhaiterais.

Je t'aime, je t'ai toujours aimé et je t'aimerai jusqu'à ce que nous nous rencontrions à nouveau. Ce jour-là, c'est sûr, je te serrerais éternellement dans mes bras. Jusqu'à ce jour, continue de prier pour nous et visite-nous en rêve. Ce serait très réjouissant.

J'ai déplacé les bébés dans notre chambre pour que nous puissions nous consoler et nous réconforter mutuellement.

Je t'aime, Princesse !

Le 5 Septembre 2019 - Mon Premier Anniversaire
Sur Le Chemin Incertain Et Effrayant Du Voyage Sans Toi.

Chère Princesse,

Je suis encore dans une phase où je n'arrive pas à la définir, et je ne sais pas si c'est encore une phase de déni ou simplement un environnement incertain dans lequel j'essaie de naviguer. Depuis près de 15 ans, c'est le premier anniversaire que je fête sans toi. J'étais tellement habitué aux surprises que tu me réservais ; il était devenu tellement évident que je recevrais un message texte, un baiser, un mot d'encouragement, un bon repas et, surtout, le beau regard que tu me lançais toujours.

Ici, j'essaie de célébrer malgré tout, mais je n'arrive toujours pas à comprendre que ce voyage sans toi durera aussi longtemps que je vivrai sur la planète terre. Je me demande encore si tu savais que tu allais passer de l'autre côté, parce que tout ce que tu as fait au cours des trois dernières années semblait indiquer que tu le savais. Serait-il possible que tu connaissais le plan depuis si longtemps et que tu aies choisi de le garder pour toi ? Je me souviens que tu m'as dit que je devais m'habituer à dormir seule. Était-ce ton adieu ? Eh bien, sachant qui tu étais et à quel point tu nous aimais, moi et les bébés, il semble impossible que tu nous caches quoi que ce soit. Si tu avais connu la date et l'heure exacte, tu nous aurais dit au revoir de façon explicite.

Cela dit, je crois vraiment que ton esprit et l'esprit de Dieu en toi savaient très bien, car tout ce que tu as fait et dit indiquait que tu étais sur le point de partir. J'aimerais parfois savoir à l'époque tout ce que je sais aujourd'hui.

Quoi qu'il en soit, je vais te raconter en bref ce que nous avons accompli et comment nous l'avons. Depuis la dernière lettre que je t'ai adressée à l'occasion du 6ème mois d'anniversaire de ton départ, tu nous manques de plus en plus. Malgré ton absence physique, Kayla, Shayna et moi avons réussi à nous débrouiller plutôt bien par la grâce de Dieu. J'ai tendance à croire que tu plaides davantage pour nous maintenant que tu es à ses côtés. Continue à veiller sur nous comme tu l'as toujours fait. Il y a eu des changements majeurs dans nos vies, et ces changements ne cessent de confirmer deux points principaux dans nos vies : La bonté de Dieu malgré le vide que tu nous as laissé, et les rêves que tu avais pour nous tous.

Le 28 juillet, Kayla a eu 8 ans. Peux-tu croire que notre Imfura est presque une grande dame ? Elle te ressemble de plus en plus. À présent, elle te ressemble exactement lorsque nous sortions encore ensemble. Je suis sûre et certain à 100 % qu'elle grandira en te ressemblant de plus en plus, et qu'elle vivra la vie que tu n'as pas vécue de ce côté-ci. Elle est si douce, responsable, attentionnée, priante et joyeuse, tout comme tu l'étais et comme tu l'es maintenant que tu es dans la plénitude de la gloire de Dieu. Avant qu'elle ne fête son anniversaire, nous avons acquis une grande propriété à Ajax, en Ontario. C'est une très belle maison que je suis sûr que tu aurais aimée et que tu en aurais fait un foyer pour élever ta magnifique famille. Le jour où je l'ai vue, je me suis écrié : « C'est ce que Princesse aurait aimé ». Je suis allé de l'avant et j'ai fait une offre, et par la grâce de Dieu, elle a été acceptée. C'est là que nous avons fêté les 8 ans de Kayla. Nous étions une cinquantaine de personnes ce jour-là.

Pour conclure les faits marquants de Kayla, elle vient de commencer sa troisième année le 3 septembre. Elle est scolarisée dans une école catholique française et elle se débrouille très bien. Chaque jour, nous prions ensemble pour proclamer la couverture et la protection de Dieu alors qu'elle commence une nouvelle journée.

Ton plus jeune bébé, Shayna, a grandi et est devenue la plus indépendante, la plus éloquente, la plus aimante et la plus joyeuse de notre famille. Elle est tellement verbale et va droit au but. Je me reconnais davantage en elle. Shayna défend tout le monde, surtout Kayla et moi, chaque fois et à tout moment. Je ne peux pas t'expliquer à quel point elle nous apporte de la joie. Chaque fois que nous nous sentons malheureux, peu sûrs de nous ou tristes, Shayna (n'oubliez pas qu'elle n'a que 3 ans) trouve le moyen de nous faire rire et d'oublier ce qui nous entoure.

Revenons au 13 novembre, 5 jours après ton départ, Shayna a eu 3 ans. Tu te souviens que nous avions prévu d'aller fêter son anniversaire à son école avant que tu n'ailles travailler ? Eh bien, puisque le Père Dieu a décidé de t'emmener avant cela, Kayla et moi avons rejoint Shayna pour fêter son anniversaire avec sa classe. C'était seulement 5 jours après ton départ, et ton corps était encore à la maison funéraire. Princesse, c'est l'une des journées les plus difficiles que j'ai eu à vivre. Je devais m'assurer d'apporter non seulement la protection dont les filles avaient tant besoin pendant cette période, mais je devais aussi revêtir un vêtement de joie pour fêter l'anniversaire de Shayna. Aussi forte qu'elle soit, elle a apprécié le temps passé avec ses camarades de classe, et nous (Kayla et moi) avons fait de notre mieux pour rendre sa journée agréable.

Shayna va maintenant entrer à l'école - peux-tu imaginer ? Elle va rejoindre sa sœur Kayla dans la même école catholique française. Elle a tellement hâte d'y être. Cependant, j'ai remarqué qu'elle était un peu stressée ces derniers temps. Elle pleure beaucoup avant de dormir, et je me sens parfois incapable de la réconforter, mais après tout, Dieu ne nous a jamais laissé, et il ne le fera jamais.

Revenons à la célébration d'aujourd'hui. Comme tu le sais, je ne suis pas un adepte de la célébration des anniversaires ; en fait, j'ai commencé à le faire lorsque tu es entré dans ma vie. Quinze ans après, j'en ai pris l'habitude et tu me manques beaucoup aujourd'hui. Malgré tout, j'ai décidé de fêter cet anniversaire avec les bébés. J'ai, une fois de plus, décidé de leur inculquer les valeurs que nous leur avons enseignées : célébrer et profiter de la vie avec leurs proches. Nous avons prévu d'aller au restaurant KEG. Je te garantis, Princesse, que je ferai de mon mieux pour jouer à la fois ton rôle et le mien dans l'éducation de nos bébés, tant que je serai physiquement avec eux.

Au moment où je t'écris cette lettre, mon cœur est traversé par des émotions mitigées. Je suis heureux d'avoir obtenu des jours supplémentaires pour accomplir mon but dans la vie, mais je souffre aussi beaucoup parce que je suis seul sans toi ici. Il est tellement difficile de profiter pleinement des choses sans ta présence. J'ai essayé de revisiter les souvenirs, mais cela a également ravivé la douleur en moi. Je me suis senti si vide et j'ai souhaité remonter le temps. J'ai souhaité que nous puissions remonter le temps et revivre la vie que nous avions l'habitude de vivre. J'aurais aimé que tu sois là pour nous serrer dans tes bras et aller dîner ensemble. J'aurais aimé que tu sois là pour voyager en Suisse. La liste est longue.

Je ne suis pas ignorant et je ne crois pas qu'il faut rester à l'état de souhait. Je sais que tu ne reviendras pas ; au contraire, je viendrai à toi quand mon heure sera venue. Je sais que Dieu n'est jamais surpris ou confus ; ce ne serait jamais une erreur qu'il t'ait appelée. Je sais que là où tu es, tu n'as probablement pas le temps de te souvenir et de penser à ce que nous traversons. Tu as combattu le bon combat, tu as achevé ta course, et tu as certainement reçu la couronne du bon serviteur dans la maison de ton Père. Sachant cela, j'ai décidé d'aller de l'avant ; je vais essayer de creuser pour trouver la joie que je peux trouver, malgré tout. J'ai décidé de faire les sacrifices nécessaires pour élever les bébés avec les valeurs que nous partagions tous les deux. Je te promets une fois de plus que je ferai de mon mieux pour laisser les bébés dans de bonnes conditions et un bon état d'esprit quand mon heure viendra.

Te souviens-tu que tu nous as laissés avec beaucoup d'amis ? Nous avons gagné encore plus d'amis qui sont plus proches que jamais. Nous avons reçu tellement d'amour et d'attention de partout. Franchement, sans eux, et bien sûr sans la grâce de Dieu, nous ne savons pas comment nous aurions pu nous en sortir. Aujourd'hui, j'ai reçu tant d'amour et de meilleurs vœux des quatre coins du monde. Apoline m'a fait ressentir la même chose que lorsque nous nous sommes rencontrés pour la première fois. J'ai reçu un long message d'amour et d'assurance de sa part et de celle de toute la famille Ruvebana. Je te dis cela pour t'assurer que nous sommes très bien entourés, même si rien ni personne ne prendra jamais ta place.

Je pourrais continuer encore et encore ; mais permets-moi de conclure ici en disant que tu nous manques de plus en plus. Nous chérirons toujours tes souvenirs, et les prières que tu as semées dans nos vies porteront de nombreux fruits. Je porterai le flambeau jusqu'à ce que je le transmette à Kayla et Shayna, ce qui, je l'espère, se fera lorsqu'elles seront assez mûres pour se tenir debout toutes seules.

Jusqu'à ce que nous nous rencontrions à nouveau, tu me manqueras continuellement. Repose en paix éternellement !

21 Avril 2020 - Des Temps Difficiles De La Parentalité Lors Du Voyage Incertain Et Effrayant Sans Toi.

Chère Princesse,

Aujourd'hui, j'avais pensé qu'il serait un peu plus facile de passer à autre chose et de continuer à vivre pour toi et pour nous. Chaque fois que je me dis que les bébés et moi avons quelques kilomètres d'avance sur le chemin de la guérison, je m'aperçois que nous reculons, et j'ai l'impression que tu viens juste de partir.

Le vide est immense, et la douleur est profonde à supporter. Kayla a gardé la mémoire de littéralement tout. Elle se souvient même des petits détails dont je ne me souviens pas facilement. C'est pourquoi il est difficile pour elle de guérir.

La plupart du temps, lorsqu'elle se couche dans son lit le soir, le souvenir et ton image apparaissent, et elle se met à pleurer parce que tu lui manques terriblement.

Nous sommes le mardi 21 avril 2020, à 22h30, elle a sauté de son lit et s'est précipitée dans ma chambre. Elle m'a dit : « Papa, je conversais avec maman, et c'est vraiment injuste que nous soyons parmi les rares enfants qui n'ont pas leur mère ».

Puis elle poursuit : « Pourquoi grand-mère Domitila est-elle allée au ciel pendant quatre jours, puis est revenue ? Pourquoi ma mère ne peut-elle pas revenir ? J'ai besoin d'elle ici. » En même temps, bébé Shayna essaie de se souvenir et répète ce que sa sœur est en train de dire.

Je suis là, sans voix et je me demande pourquoi tu ne peux pas revenir. Dieu a-t-il un autre plan pour tes bébés ici-bas ?

Puis Kayla a dit : « Papa, je veux prier ». Voici comment elle a prié : « Cher Dieu, merci pour cette vie que nous avons. Shayna, papa et moi avons besoin d'une mère. Aide-nous. Amen. » Nous nous sommes serrés dans les bras, puis je les ai raccompagnés dans leurs chambres.

Me voici, et je ne suis toujours pas convaincu que tu sois passée à l'au-delà. J'ai le sentiment que tu veilles sur nous. Tu parles à Dieu en notre faveur. J'ai l'impression que tu es juste de l'autre côté de la ligne.

Tu nous manques énormément. Nous t'aimons pour toujours. Nous ressentirons le vide jusqu'à la fin de notre vie sur terre. Nous prions et nous espérons qu'un jour nous pourrons nous asseoir et te raconter tout ce que nous avons vécu sans toi.

Je t'aime toujours autant que le premier jour où nous nous sommes embrassés. Repose en paix !

7 Novembre 2022 - Une Autre Étape Du Voyage Incertain Et Effrayant Sans Toi.

Bonjour Princesse,

Comment vas-tu là-haut ? Comment le ciel te traite-t-il ? Je suis sûr que, même si le paradis est bon, il est devenu encore meilleur avec toi comme ange gardien à l'intérieur.

Cela fait quatre ans que tu nous as quittés. Je me souviens de cette même soirée en 2018. Nous fêtions l'obtention de ton diplôme. Je me souviens de ce dont nous avons parlé avant de nous coucher avec les bébés. Je me souviens que nous avons mangé de l'ugali pour le dîner ce soir-là. Je me souviens de la blague que nous avons faite avant de nous embrasser pour se souhaiter bonne nuit.

Attends... te souviens-tu avoir remercié Dieu d'avoir réalisé tout ce dont tu avais rêvé ? Savais-tu que tu rentrais chez le père éternel le lendemain ? Savais-tu que nous resterions derrière et que nous devrions continuer à vivre sans toi avec nous ? Savais-tu ?

Je crois fermement que ton âme savait qu'il était temps pour toi de rentrer chez toi. Je me souviens de toutes les choses que tu as dites et des événements qui ont suivi. Tout cela confirme le fait que tu savais, au plus profond de ton âme, que tu allais rentrer dans l'au-delà.

Princesse, tu as fait ta part, et tu as impacté ma vie pour le reste de mes jours sur cette Terre. Je ne peux que rêver du jour où nous serons à nouveau réunis. Je sais que ce sera moi qui te rejoindrai à la maison.

Revenons à notre vie ici avec nos bébés, aujourd'hui nous sommes devenus Canadiens. N'est-il pas surprenant que nous ayons prêté le serment de citoyenneté canadienne le même jour que tu avais prêté serment de fin d'études il y a quatre ans ? Je crois que tout arrive pour une raison, que nous ne comprenons peut-être pas toujours.

Comme j'aimerais que tu sois là avec nous.

Les bébés sont heureux de devenir Canadiens ; maintenant, nous n'avons plus besoin d'aller en Europe pour renouveler nos passeports avant de pouvoir voyager.

Après la cérémonie, nous avons pris le temps de nous souvenir de toi. Princesse, c'était si difficile ce soir. Imfura (le premier né) n'arrive toujours pas à supporter ton absence. Tes filles demandent pourquoi tu es partie et, à chaque fois, je ne parviens pas à donner une réponse appropriée. Comment puis-je expliquer des choses que je ne comprends pas moi-même ?

Comment est-il possible que la vie maintienne sa routine sans que tu en fasses partie physiquement ?

Je ne comprends toujours pas, et je ne m'attends pas à comprendre.

Cela dit, Dieu a été si fidèle. Nous sommes bien abrités, bien nourris et bien habillés. Nous arrivons même à bénir les autres avec notre coupe débordante.

Dieu, d'une manière ou d'une autre, parvient à utiliser ces cendres pour sa propre gloire et d'une manière que nous ne pouvons pas comprendre. Dieu nous a donné des amis, certains que tu connais et beaucoup d'autres que tu n'as pas rencontrés. Crois-moi, Dieu est bon et il trouve toujours un moyen de nous atteindre. Je suis sûr que tu le connais mieux maintenant que tu le côtoies.

Demain, le 8 novembre, sera le jour où ton cœur aimant n'a pas réussi à te donner assez de souffle pour te maintenir en vie. Cela fait très mal de traverser ces émotions. Mais grâce à la promesse que je t'ai faite cette nuit-là à l'hôpital, je resterai fort et je serai là où tu n'es pas pour nos bébés. Et je continuerai à faire ce que nous aimions tous les deux jusqu'à ce que je rende mon dernier souffle.

Princesse, tu me manques tellement. Si seulement je pouvais te voir encore une fois, si seulement nous pouvions nous tenir la main comme nous le faisions, et si seulement je pouvais te dire tout ce que je ressens maintenant.

Sachant que rien de ce qui précède n'est possible, continue à prier pour nous afin que Dieu continue à être là pour nous. Maintenant que tu peux lui parler directement, rappelle à Jésus tes bébés - nous avons plus que jamais besoin de sa chaleur.

Je ne saurais pas conclure, saches que je t'aime toujours, comme le premier jour !

Jusqu'à ce que nous nous rencontrions à nouveau, je te célébrerai encore. Bien à toi, moi

Voici quelques-unes des lettres que j'ai consignées dans un journal au cours des cinq dernières années, sans ma lumière. Beaucoup d'entre elles sont personnelles et n'ont pas leur place dans un livre publié. Aussi difficile qu'ait été le voyage vers notre guérison et la gestion du deuil, le fait de tenir un journal de manière très ouverte et vulnérable, sans craindre d'être incompris ou jugé, a été un mécanisme de pouvoir pour ma guérison. La vie s'est développée autour de la douleur et de l'absence physique de Princesse. Nous allons de l'avant -

sans oublier le passé, mais en construisant sur une base solide qui est enracinée dans une douleur profonde que les défis présents et futurs ne pourront pas ébranler. Nous sommes pleins d'espoir et nous nous concentrons sur la lumière plus vive qui éclaire et donne la lumière à la vie.

Faire Son Deuil Avec Les Bébés

Le deuil et le processus de deuil ne sont pas des choses auxquelles on se prépare ; on ne peut pas les apprendre en théorie pour les appliquer lorsque les circonstances se présentent. À l'âge adulte, on essaie de donner un sens à la perte et à la douleur qui en découle, mais même dans ce cas, il est difficile de trouver son chemin en raison de la multitude d'émotions en jeu.

Lorsqu'il s'agit d'enfants, non seulement c'est si dévastateur, mais c'est aussi flou ; cela n'a aucun sens. J'ai vu mes bébés aller bien et être en train de jouer une minute, et dans la minute suivante, elles sont abattues et traversent une douleur qu'elles ne savent pas comment exprimer. En même temps, j'étais, et je suis toujours, fasciné par leur niveau de résilience. Je n'arrive toujours pas à comprendre comment mes bébés sont si résilientes dans leur façon d'appréhender la perte de leur mère.

J'ai un lien très fort avec mes filles - comme c'est effrayant de penser le contraire - et je suis tellement reconnaissant de ce lien que j'ai avec mes bébés ! En raison de cette connexion, nous communiquons beaucoup par le biais de questions et de réponses. Elles me posent des questions telles que la raison pour laquelle leur mère est partie, comment est la vie au paradis, si elle voit ce que nous vivons sans elle, etc. Elles me demandent même ce qui se passerait si je partais moi aussi, qui resterait avec elles et si j'allais bientôt mourir moi aussi.

Je n'ai pas de réponse à la plupart de ces questions, et elles me brisent le cœur chaque fois que nous vivons de tels moments. Je les écoute, je les serre dans mes bras et je réaffirme ma présence jusqu'à ce qu'elles puissent prendre soin d'elles-mêmes et de moi, car elles devront un jour ou l'autre s'occuper de leur vieux père !

Même si c'était difficile de les aider à donner un sens à la vie pendant cette période de deuil, cela m'a toujours donné de la joie et un sentiment d'humilité pour le privilège que j'ai de façonner la vie de ces magnifiques filles dont j'ai été chargé d'élever. Quand je vois comment elles prennent confiance en elles après avoir parlé de ces questions difficiles, je reste sans voix et tellement reconnaissant à Dieu pour ses miséricordes inépuisables dans leurs vies.

Fête Des Mères

« Quel est l'intérêt de célébrer la fête des mères alors que ma maman n'est pas là avec nous ? ». Kayla a demandé. « Je n'ai pas envie de la fêter. Quel est l'intérêt ? »

« Je veux aller au restaurant pour la fête des mères, et je ferai des bricolages pour maman », lui fait écho Shayna. La situation devient intense lorsque les deux se disputent à propos de la célébration de ce jour important dans la vie des enfants.

Kayla grandit ; son niveau de rationalité est mature pour son âge, et elle a tant de souvenirs concernant sa mère. La célébration de la fête des mères est quelque chose qu'elle a vécu ; elle a planifié et goûté à la joie de célébrer sa mère. Shayna, en revanche, n'en a aucun souvenir, et son raisonnement n'est donc pas lié à une expérience à laquelle elle peut s'identifier. Pour elle, elle ne voit tout simplement pas pourquoi nous ne devrions pas faire la fête.

C'est devenu plus difficile au fur et à mesure que les années passaient et que les deux grandissaient. La première année et la deuxième année, nous faisions encore la fête ; elles m'offraient des cadeaux et fêtaient leur mère, et je leur concoctais aussi des surprises, ce qui leur permettait de se sentir bien. Au fur et à mesure que les années passent, Kayla fait preuve de plus d'acuité dans sa façon de gérer les choses ; elle connaît le sens des choses dans la vie et elle est exposée au monde extérieur avec ses camarades. Et comme elle est la première née, elle a son mot à dire dans la maison, alors elle remet en question certaines pratiques.

Alors que je les regardais discuter de la célébration ou non, de nombreuses pensées ont traversé mon esprit avec des questions sur la vie. Puis je me suis tourné vers elles et j'ai dit : « Je pense que c'est une bonne chose que nous fassions la fête. Je comprends qu'il soit difficile pour nous de célébrer votre mère alors qu'elle n'est pas avec nous. Néanmoins, je pense que cela vaut la peine de le faire. Mais si vous ne voulez rien faire, je le célébrerai quand même parce que vous êtes de futures mères. » La discussion s'est terminée sans aucune conclusion. Kayla était toujours ferme sur le fait que nous ne devions pas faire la fête, tandis que Shayna insistait toujours sur le fait que nous devions la faire. Je dois répondre à ces deux attentes.

Le lendemain, c'était l'école, et bien sûr, on parle de ces événements avec les professeurs et les autres élèves. À leur retour, elles sont toutes les deux revenues avec des messages pour leur mère - celui de Kayla était écrit en anglais, tandis que celui de Shayna était rédigé en français. Je vais faire un copier-coller :

"Bonjour, c'est moi, ta fille. Je vais juste te dire ce que je ressens à l'idée que tu ne sois pas là physiquement avec moi. La fête des mères approche et je suis triste parce que tout le monde dit qu'ils font quelque chose de spécial pour leurs mamans.

Je suis triste et je me sens tellement à l'écart, si tu vois ce que je veux dire. Comme si ce n'était pas juste pour moi. Je me demande toujours pourquoi tu es partie ».

"Bonne fête maman. Tu es une très bonne maman, tu as un grand Cœur, tu es la meilleure maman, tu es la plus belle, je t'aime de tout mon Cœur, je t'aime toujours."

Ce sont les moments où vous avez l'impression que le poids du monde entier repose sur vos épaules. Bien que cela fasse chaud au cœur de voir et de savoir que mes filles peuvent exprimer leurs sentiments librement, je me demande toujours ce qui a bien pu nous arriver.

Il est temps de reprendre le flambeau et de continuer à planter des graines qui deviendront un jour des arbres fructueux - les vies élargies de nos bébés dans la terre des vivants.

"Le voyage n'a pas de fin. Il y aura toujours de la croissance, de l'amélioration, de l'adversité ; tu dois juste prendre tout ça en compte et faire ce qui est juste, continuer à grandir, continuer à vivre le moment présent."
~Antonio Brown~

"Même si je ne termine pas, nous avons besoin d'autres personnes pour continuer. Il faut que ça continue sans moi."
~Terry Fox~

Chapitre 8

Recoller Mes Morceaux

Il y a une consolation lorsque vous voyez et vivez une vie axée sur les résultats. Le contraire est également vrai. Lorsque l'écart entre les choses qui sont vraies et auxquelles nous croyons vraiment, et notre expérience de la vie se creuse, c'est presque impossible d'atteindre la consolation, surtout après avoir vécu un événement bouleversant, comme la mort de sa bien-aimée et mère de tes enfants.

Bien que rien ne puisse et ne remplacera jamais une vie dans son intégralité, lorsque vous vivez avec des résultats tangibles, il y a une consolation trouvée dans cette vie qui a été perturbée.

Je croyais fermement que j'allais vivre une longue vie avec Estelle et prospérer ensemble pendant longtemps, pour voir nos filles atteindre les sommets que nous n'avions pas pu atteindre. Je croyais fermement et j'étais convaincu que le ciel épargnerait à mes enfants de vivre la vie que j'ai vécue, celle d'être élevé par un parent seul.

Lorsque je me suis marié, j'ai prié sincèrement et j'étais convaincu qu'Estelle et moi vivrions nos années d'or ensemble. J'avais travaillé extrêmement dur pour que notre mariage devienne solide au milieu des différents défis que j'ai mentionnés plus haut, alors je m'en suis contenté et je me sentais assuré, convaincu de tout cœur que Dieu ne me laisserait pas tomber dans ce domaine et ne nous abandonnerait pas en important l'un d'entre nous si tôt. (Ma définition de Dieu qui nous laisse tomber dans ce contexte est à défaut d'un meilleur mot ; humainement parlant, j'ai estimé que j'avais le droit de vieillir avec Estelle à mes côtés. Après tout, toutes les dimensions de la vie semblaient s'aligner sur ma conviction).

Je réussissais dans ma carrière et j'avais d'excellentes performances. Ma Princesse avait enfin obtenu son diplôme et travaillait. Nos magnifiques filles étaient en bonne santé et grandissaient bien, et nos familles étaient en harmonie. Dieu nous avait bénis en nous offrant de véritables relations d'amitié à travers le monde. Je veux dire que si tu vas en Afrique, je peux énumérer des amis sincères, et en Europe, c'est la même chose. Maintenant, en Amérique du Nord, notre cercle d'amis s'agrandissait de façon exponentielle, et même en Asie, où nous n'avions pas encore vécu, nous avions des amis que nous nous étions faits au fil de notre parcours de vie.

Je n'aurais pas pu rêver d'une meilleure vie. Tous nos projets semblaient réalisables, en termes de temps et de coût. Comme je l'ai mentionné plus haut, nous étions à la recherche de notre première propriété au Canada. Pour ceux qui connaissent le marché de l'immobilier au Canada, et plus particulièrement à Toronto, à l'époque où nous faisions nos achats, les prix étaient très élevés. Néanmoins, nous étions qualifiés pour en acquérir une.

Mes prières n'avaient pas été exaucées comme je l'avais espéré. Je me retrouvais seul - mais pas seul car Dieu ne m'a jamais abandonné - pour continuer à vivre. Le besoin d'atteindre la consolation qui vient de Dieu à travers une vie épanouie s'est fait plus pressant. Cette vie à laquelle nous aspirons tant ne se déroule pas toujours comme nous l'attendons. Elle exige que nous luttions pour l'obtenir. Elle exige que nous suivions des chemins prédéfinis dans la vie.

J'ai donc décidé de recoller les morceaux malgré l'absence physique de Princesse. La lumière avait disparu de ma vue, mais elle n'était pas éteinte à l'intérieur. J'ai décidé de vivre et d'offrir à nos filles une vie dont les résultats seraient concrets.

J'ai refusé d'être défini et confiné dans les paramètres du veuvage et l'orphelinat. J'ai refusé d'abaisser mes standards. J'ai refusé de vivre dans le désespoir, alors j'ai espéré.

Cependant, l'espoir seul ne suffit pas, et à lui seul, les résultats ne peuvent pas être atteints. En plus de l'espoir qui donne de la joie à la vie, j'ai résolu de suivre les chemins de la vie en appliquant des principes qui donnent des résultats. J'ai entraîné mon esprit et mon corps à continuer à se concentrer sur la vie dans son ensemble, en restant cohérent et en m'efforçant de m'améliorer de quelques pourcentages chaque jour. Je savais qu'un jour, les effets cumulatifs se manifesteraient lorsque l'élan atteindrait son point culminant. Je me suis également rappelé des systèmes de soutien et des ressources disponibles qui pouvaient m'aider et qui m'aideraient à maintenir le cap et à ramasser les morceaux intacts. Je n'aurais pas été capable de soulever ne serait-ce qu'un petit morceau sans les facteurs déterminants dont je parlerai ci-dessous.

"La douleur ne diminue pas avec le temps, mais la vie se développe et s'étend autour de la douleur au fil du temps, la rendant de plus en plus supportable".

Parent Solo

On dit que le rôle de parent est la forme la plus élevée de leadership, et que chaque étape est une nouvelle expérience qui mérite d'être étudiée pour la réussite de cette compétence parentale. Les principes et les valeurs évoluent en fonction des circonstances de la vie. Lorsque nos filles étaient bébés, je me préoccupais uniquement de les nourrir et de veiller à leur hygiène. Au fur et à mesure qu'elles grandissaient, les priorités ont changé ; maintenant, je me concentrais davantage sur leur sécurité, car elles commençaient à bouger et à saisir des objets. Je craignais qu'elles ne se blessent si une chaise leur tombait dessus ou si elles touchaient une surface chaude. Chaque étape de leur vie a révélé un nouveau visage du parcours parental dont je n'avais pas conscience ou auquel je n'étais pas préparé. Ce sont ces dynamiques qui rendent la parentalité si précieuse, bien que cela soit difficile.

La vie avait changé et elles grandissaient. Les schémas de croissance sont encore en train de se déployer. Cependant, la dynamique familiale a changé de fa-çon irréversible. L'attention fournie et les tâches accomplies par deux parents devaient venir d'un seul, portant à la fois les chapeaux de papa et de maman. Bien sûr, il y a de la vaisselle à laver, une maison à garder en ordre, des cheveux à coiffer et à nettoyer, des devoirs, etc. La responsabilité ultime de faire grandir des leaders qui joueront leur rôle dans la société n'avait pas été réattribuée en raison des circonstances dans lesquelles nous nous étions retrouvés, et en tant que père qui joue maintenant aussi le rôle de mère, cette mission était devenue encore plus pressante. Je devais rassembler toutes les ressources nécessaires pour fournir une base solide à Kayla et Shayna afin qu'elles deviennent des femmes à la hauteur de leur potentiel.

Bien que les responsabilités parentales, combinées à toutes les autres tâches ménagères, aient augmenté sur ma liste de choses à faire, prendre un peu de temps intentionnel pour se blottir et profiter du moment présent avec mes magnifiques petites filles a été la priorité numéro un qui compte vraiment. Les câlins spon-tanés, les jeux de cache-cache, les promenades nocturnes en été et les séances d'entraînement à la maison sont les moments qui ont gardé mes batteries chargées et m'ont permis de continuer à avancer sans être altéré.

Il n'y a pas de secrets entre moi et mes bébés - je prie et j'espère vraiment que cette tendance restera à l'épreuve du temps - elles savent à qui je parle, elles connaissent le mot de passe de mon téléphone, et elles me racontent encore leurs petits secrets et les difficultés auxquelles elles font face pendant leurs journées d'école.

Je n'ai pas honte de pleurer avec elles lorsque c'est nécessaire, et cela leur a permis d'exprimer librement leurs émotions dès qu'elles sont suscitées. De plus, nous avons convenu d'insuffler de la positivité dans nos vies. Chaque matin, avant qu'elles ne sortent pour aller à l'école, je leur rappelle à quel point elles sont belles, intelligentes et bénies, puis je dis une bénédiction sur leur vie. Dans notre maison, nous avons pour règle de ne pas sortir avant d'avoir prononcé une bénédiction les uns pour les autres. Je me suis dit qu'il était impératif pour moi, en tant que père, de poser quotidiennement les bases de leur journée. Cela ne veut pas dire que les choses n'arriveront pas, mais quoi qu'il arrive, trouvera la graine que j'ai plantée déjà en train de prendre racine.

L'harmonie et la bonne relation que nous entretenons tous les trois ne viennent pas sans défis. Je remets en question certaines de mes décisions disciplinaires et elles peuvent parfois me laisser un sentiment de culpabilité. Je me demande si j'aurais pu agir différemment si la vie n'avait pas changé comme elle l'a fait. Les questions difficiles sont encouragées à être posées, et dans de nombreux cas, je n'ai pas de réponse à ces questions, mais nous avons tous appris à parler et à prier ensemble.

Parent Solo Face À La Pandémie De Covid-19

Alors que le monde entier restait immobile, ne sachant pas quelles étaient les prochaines mesures à prendre, l'énergie humaine semblait avoir perdu ses batteries. Pour la première fois de ma vie, les êtres humains avaient peur les uns des autres. Tout est devenu immobile, et ce qui pouvait bouger se déplaçait à un rythme très lent. Alors que le monde entier s'isolait, mes bébés et moi l'avons également ressenti. Nous sommes restés confinés chez nous 24 heures sur 24, 7 jours sur 7, sans visite pendant des mois.

Bien que je travaillais à la maison avant même la pandémie, cet arrangement professionnel ne semblait pas aider, car les bébés étaient également scolarisés à la maison. La gestion déjà complexe du ménage a commencé à devenir vraiment difficile à gérer. Gérer l'impact émotionnel de la pandémie, assister et aider les filles à faire l'école à la maison et continuer à travailler de façon optimale me semblait de plus en plus lourd au fur et à mesure que les jours passaient.

Même si le monde était encore en isolement, la peur de l'infection et de ses conséquences possibles a commencé à peser sur mon cœur. Je me demandais ce qui se passerait si je tombais malade - qui prendrait soin de mes bébés et de moi ? Je me demandais, si quelque chose arrivait, qu'est-ce qui pourrait bien mal tourner ? Toute cette situation me paralysait, surtout quand je pensais aux scénarios possibles qui pouvaient se produire.

Nous avons été épargnés pendant la haute saison ; les filles et moi n'avons pas été infectés. Vers la fin de la crise, en décembre 2020, alors que tout s'ouvrait, y compris les voyages, nous en avons profité pour rentrer chez nous à Kigali, ce qui a été l'occasion de souffler et de nous ressourcer. C'était la toute première fois que les filles retournaient à Kigali depuis les cérémonies de retour au pays de leur mère en 2018. C'était un mélange d'émotions, mais dans l'ensemble, c'était une très bonne expérience pour elles.

En mai 2022, les écoles ont ouvert leurs portes et tout est rentré dans l'ordre. Les filles ont attrapé le virus à l'école et l'ont partagé avec papa à la maison. Nous avions tous été doublement vaccinés, mais nous avons quand même passé quelques jours au lit. Kayla et moi avons été les plus touchés, mais au bout de trois ou quatre jours, nous étions tous rétablis.

Cette expérience, du début de 2020 à 2022 lorsque nous sommes tombés malades, m'a rappelé la bonté de Dieu dans nos vies. De nombreuses familles, y compris ma famille élargie, ont vécu des expériences plus difficiles et plus déchirantes à cause de cette pandémie. C'était l'occasion de réfléchir à ce qui comptait le plus, ce qui consiste à être là l'un pour l'autre pour créer des souvenirs. C'était encore une fois l'occasion de valoriser et d'apprécier la vie dont nous avions été gratifiés. Quelle expérience ! Comment n'avons-nous pas craqué ? Comment avons-nous réussi à faire l'école à la maison, à travailler et à maintenir l'équilibre de la vie ? Nous n'avons peut-être pas de réponses claires à ces questions et à bien d'autres, mais c'est clairement parce que la lumière était toujours allumée. La source de la vraie lumière qui éclaire nos vies est toujours ouverte et accessible pour nous.

Gagner Un Prix : Parcours De Vie Orchestré

Alors que je continuais à apporter ma contribution, humble mais engagée, à mon travail, je ne me rendais pas compte de l'impact qu'elle avait eu sur les parties prenantes internes et externes. En 2021, au milieu de la pandémie de COVID- 19, mon équipe a été chargée de développer une nouvelle solution pour les nouvelles réformes de la réglementation bancaire mondiale qui avaient été publiées. Les institutions bancaires, les institutions mondiales systémiques et les institutions nationales avaient reçu de nouvelles réglementations auxquelles elles devaient se conformer. En tant que fournisseur de solutions globales, nous sommes censés fournir des solutions expertes à nos clients, afin de les aider à respecter leurs obligations réglementaires. Pour la première fois, mon équipe, dont la mission est de fournir la solution packagée au client, était maintenant chargée de développer et de fournir la nouvelle solution, et ce dans des délais serrés.

Comme mes deux filles faisaient l'école à la maison pendant le confinement total, j'ai dû trouver un moyen de me diviser de façon efficace et efficiente pour satisfaire toutes les demandes. Gérer deux enfants d'âge scolaire, avec tous les effets secondaires que la pandémie nous a imposés, était un travail à plein temps en soi. Je devais être là pour elles à cent pour cent alors qu'elles naviguaient dans l'approche de l'enseignement à domicile en ligne, et en même temps, je devais continuer à faire mon travail avec une équipe mondiale dans différents fuseaux horaires.

J'ai prié et prié encore Dieu pour qu'il m'aide. J'ai prié pour avoir de l'énergie, la paix de l'esprit et une joie inébranlable, puis j'ai continué à faire ce que je faisais, en me concentrant sur la prochaine chose à faire sur ma liste de choses à faire. J'ai continué à suivre ma routine quotidienne - me coucher à l'heure, me lever tôt pour travailler avec des collègues situés dans des fuseaux horaires différents, trouver le temps de faire de l'exercice, trouver des moyens et du temps pour m'amuser avec les filles, et m'assurer que la vie pendant la période de confinement pouvait encore être agréable. Je me suis délibérément contrôlé pour ne pas m'engager dans mon travail au détriment du temps de qualité que je passe avec mes bébés. Je terminais donc toujours le travail à l'heure et je limitais le travail en dehors des heures de travail ou pendant le week-end.

Chaque année qui a suivi la transition de Princesse - 2019, 2020, 2021 et 2022 - j'ai gravi les échelons jusqu'à mon poste actuel de responsable national pour nos activités de services professionnels, au service du secteur bancaire. Je crois fermement à l'éthique du travail acharné, et je m'appuie fortement sur le principe de la faveur des autres humains, et l'honneur est dû à ceux que je sers, à mon équipe et à mes clients. J'ai décidé d'exceller par le biais d'un développement personnel constant et continu. La grâce de Dieu, la vraie lumière et la lumière que ma Princesse et moi avons partagés, ont été les facteurs qui m'ont permis de réussir à travers les cendres du chagrin.

Sans m'en rendre compte, les années 2021/2022 ont été celles où j'ai réalisé des performances exceptionnelles, et j'ai reçu le Prix mondial du leadership exceptionnel pour PDG. C'est un prix qui est décerné au niveau de la division mondiale. Les employés nomment des personnes qui ont fait preuve de traits de leadership exceptionnels et qui ont eu un impact sur l'entreprise ainsi que sur le bien-être des expériences des employés et des clients. Il s'agit d'un processus très compétitif ; pour gagner, il faut obtenir un très grand nombre de votes. Les nominations sont anonymes et il n'y a pas de campagne pour cela. Les collègues doivent prendre du temps dans leur emploi du temps chargé et te proposer, sans savoir qui d'autre a été proposé. Seul le bureau du PDG voit qui a été nommé et la raison de la nomination.

Après avoir reçu l'annonce de cette surprenante nouvelle, tout le film de mon parcours de vie s'est rejoué dans mon esprit, y compris la scène de cette chambre d'hôpital en Belgique 8 ans auparavant, lorsque j'étais sur le point de refuser l'offre. J'ai ressenti le poids de la solitude, j'ai ressenti l'absence palpable d'Estelle. Elle était la personne qui m'encourageait même dans mes faiblesses ; elle était la toute première personne de ma vie à voir ma valeur et à l'affirmer en paroles et en actes. J'étais là, dans mon bureau à la maison, seul après avoir reçu cette grande nouvelle ; je me sentais soudain amer, et de nombreuses questions ont surgi dans mon esprit.

Je me suis demandé si je devais me réjouir. Une fois mes émotions calmées, j'ai réfléchi à la grâce et à la bonté de Dieu. Je me suis souvenu de la lumière qui avait été atténuée mais qui ne s'était jamais éteinte. J'ai recollé mes morceaux ; j'ai partagé la nouvelle avec mes amis et ma famille qui ont sincèrement fêté l'événement avec moi.

Une fois de plus, je me suis rappelé que l'amour est plus puissant que la mort. La façon dont nous aimons, les graines que nous plantons dans ceux que nous aimons et les souvenirs que nous créons sont notre véritable héritage qui nous survit et qui donne un véritable sens à la vie de ceux que nous laissons derrière nous lorsque nous sommes partis.

Il m'a également été rappelé que lorsque Dieu aide un homme, il n'y a rien qu'il ne puisse faire, malgré les circonstances. Dieu orchestre les événements chaque fois qu'il veut honorer quelqu'un ; non pas parce que la personne a toutes les compétences, mais parce que les miséricordes de Dieu sont sur lui. Lorsque je me sentais faible et incapable, le Dieu le plus élevé s'est manifesté, et à travers les hommes, on m'a fait confiance pour faire ce que j'ai fait (avec mon équipe), qui s'est avéré être un chemin remportant un prix. Cet événement particulier m'a rappelé que je n'étais pas seul, même si je me sentais seul la plupart du temps.

J'ai dédié ce prix à l'amour et aux souvenirs que j'avais partagés avec Princesse à travers le travail de ma fondation. Grâce à ce prix, j'ai pu fournir des produits de première nécessité, comme des chaussures et des vêtements, à plus de 500 enfants du village de Kakenge (village natal), en République démocratique du Congo.

Amitiés - Nouveaux Amis Et Amis De Longue Date

Un ami aime en tout temps, et un frère est né pour l'adversité, disent les sages. J'ai toujours compris la valeur de l'amitié - ceux sur lesquels vous savez que vous pouvez vraiment compter ; cependant, je n'avais pas pleinement saisi la véritable valeur de l'amitié authentique jusqu'à ce que je perde ma moitié. Je n'avais pas compris l'importance des amis qui portent vos fardeaux dans les moments de vulnérabilité de votre vie. Les amis auxquels je m'étais habitué et que j'avais parfois considérés comme acquis se sont manifestés et sont devenus de véritables porteurs de fardeau. Oui, je suis une personne sociale par nature, bien que très réservé, et j'ai toujours été, la plupart du temps, du côté généreux des relations. J'ai été un bon ami qui a pris soin des autres, les a réconfortés et, dans de nombreux cas, s'est sacrifié pour eux. Cela ne veut pas dire que mes relations amicales ont été unilatérales, mais plutôt pour illustrer le fait que je n'avais pas vécu l'impératif d'avoir de vrais amis qui restent avec nous contre vents et marées.

Lorsque mes épaules étaient fatiguées, que mon énergie était au plus bas et que j'avais le plus besoin d'aide mais que je ne savais pas comment la demander, mes porteurs de fardeau se sont manifestés - ceux que je connaissais et de nombreux nouveaux amis qui s'étaient ajoutés à ma vie. J'ai observé sans voix comment mes amis renonçaient à leurs obligations et faisaient des sacrifices que seule l'amitié pouvait expliquer.

L'expérience de la perte de ma partenaire de vie a révélée l'autre facette de l'amitié que je n'avais pas entièrement saisi auparavant. Dans mon état d'esprit de loyauté envers l'amitié, je me sentais toujours obligé d'être celui qui donne. J'ai découvert et compris l'une des faiblesses en moi dont je n'avais pas conscience. J'étais quelqu'un qui n'acceptait pas facilement qu'on le célèbre ou qu'on prenne soin de lui. J'ai toujours pensé que c'était un peu trop pour les gens de faire un effort supplémentaire pour moi, alors que je trouvais logique d'en faire plus pour mes amis et ceux que j'aime.

Lorsque j'ai eu le plus besoin de mes amis, ils se sont tous manifestés - ceux que j'avais et beaucoup de nouveaux que le ciel m'a envoyé. J'ai été fasciné de voir jusqu'où les gens peuvent aller pour s'assurer que vous allez bien, juste au nom de l'amitié.

J'ai un cercle d'amis très proches qui ont partagé avec moi des souvenirs de vie quand j'étais jeune et célibataire, puis plus tard en couple et en famille. J'ai toujours su qu'ils étaient les personnes sur lesquelles je pouvais compter, lorsqu'on se racontaient nos secrets et nos échecs, et avec qui on célébrait nos réussites. Lorsque Princesse est passée de l'autre côté de l'éternité, j'ai vraiment compris le niveau que notre amitié avait atteint. Ce sont des personnes et des couples dont je peux dire sans honte qu'ils sont mes amis. Ces amis nous ont connus, ma Princesse et moi, pendant que nous nous courtisions, et nous avons traversé la vie conjugale ensemble. Quand je pense à eux, je les vois vraiment comme faisant partie de ma vie. Leur présence dans ma vie m'a énormément aidée à recoller les morceaux après la perte de ma lumière.

Des Amis Pour La Vie

Etienne Ruvebana et Apolline Ruvebana - Etienne et moi avons fréquenté la même université au Rwanda, mais il était plus âgé que moi. Nous nous sommes ensuite rencontrés aux Pays-Bas en 2006, lorsqu'il faisait ses études de maîtrise à l'université de Groningen, et plus tard en 2009, lorsqu'il préparait son doctorat dans la même université. J'ai également étudié dans la même université, de 2005 à 2008. À cette époque, il faisait la cour à Apolline et moi à Princesse. Étienne et moi sommes devenus amis, et nos futures conjointes aussi. Nous avons partagé les défis de notre vie étudiante, nos complications amoureuses et, plus tard, notre vie de famille.

Après avoir obtenu son doctorat, Etienne est retourné au Rwanda, et sa famille l'a rejoint quelque temps plus tard. Malgré la distance entre les continents et les déménagements de nos deux familles, nous sommes restés en contact avec la famille Ruvebana. Lorsque Princesse est décédée, la famille Ruvebana m'a prouvé une fois de plus ce que signifie être amis. Mes enfants connaissent Étienne et Apoline comme leur oncle et leur tante, et ils le sont vraiment. Notre amitié avec la famille Ruvebana est plus qu'une simple amitié ; nous sommes devenus une famille. Leur maison au Rwanda est notre maison, et vice versa. Leur présence dans nos vies au fil des ans, et surtout pendant la période de perte et de deuil, a résisté à l'épreuve du temps. Tu peux avoir une amitié sincère indépendamment du temps et de la distance.

Pendant les deux semaines que nous avons passées à Kigali pour les cérémonies de retour, le frère Étienne, la sœur Apoline et leurs enfants étaient la famille que nos enfants connaissaient et à laquelle elles pouvaient se sentir à l'aise. Chaque fois que nous nous rendons au Rwanda, il est évident que nous restons avec le Dr Ruvebana et sa famille. Je considère parfois leur amitié comme un fait acquis, simplement parce que je sais la place qu'ils occupent dans mon cœur et celle que nous occupons dans les leurs. Il s'agit là d'une véritable amitié.

John et Darlene Mutebutsi - John et moi nous connaissons depuis plus de deux décennies maintenant. Nos frères aînés fréquentaient les mêmes écoles et étaient aussi de bons amis. Nous nous sommes tous les deux retrouvés aux Pays-Bas et avons commencé ensemble notre quête d'un avenir meilleur. Nous avons étudié le même programme à l'université de Groningen, et nous étions dans la même classe. Nous avons également loué ensemble notre appartement d'étudiant. Lors de ma première rencontre avec ma Princesse, John était là, et il a continué à être là (en étant parfois plus proche de ma fiancée que moi, car ils étaient devenus sœur et frère). Princesse et moi avons également joués un grand rôle dans la relation de John et Darlene, et une fois que nous nous sommes tous mariés, il était presque impossible de séparer nos familles. Jusqu'à aujourd'hui, si quelque chose arrive à la famille de John et Darlene, je suis l'un des premiers à en être informé, et l'on s'attend par défaut à ce que je sois là, et vice versa.

Lors du décès tragique d'Estelle, John a coordonné toutes les activités au Canada et au Rwanda, alors qu'il se trouvait en Belgique. John et Darlene ont également voyagé avec nous pour les cérémonies de retour à Kigali. Neuf mois plus tard, John est venu nous voir, ses nièces et moi, et il a passé une semaine entière avec nous. C'est ce que j'appelle l'amitié. Parfois, j'ai l'impression que c'est leur devoir de faire ce qu'ils ont fait, mais ensuite je me souviens qu'il n'y a pas d'obligation de ce genre, si ce n'est la véritable amitié.

Francky et Gody Ngabo - J'avais entendu le nom de Gody les premières fois que j'ai parlé à Princesse, lorsque je sortais avec elle. Elle m'a dit qu'elle avait une meilleure amie dans la vie qu'elle voulait que je connaisse et que j'accepte comme sa meilleure amie, si je voulais vraiment construire une vie avec elle. Gody et Estelle étaient amies depuis l'école primaire ; elles sont allées au même lycée et sont devenues inséparables. Quelques années plus tard, Gody a eu l'occasion de nous rejoindre aux Pays-Bas et a assisté à notre mariage. Princesse voulait que Gody soit à son mariage, et Dieu a réalisé son rêve. Lorsque Gody a rencontré Francky, elle lui a dit que leur relation ne serait pas officielle tant qu'elle n'aurait pas obtenu l'approbation d'Estelle. Nous étions si heureux quand elle nous a présenté à l'homme de sa vie. Bien qu'ayant le même âge, Gody est devenue comme notre fille, et elle a aussi été la tante de nos filles en même temps. Elle est devenue comme notre fille parce que c'est nous qui l'avons donnée en mariage en 2015. Je l'ai conduite à l'autel et Estelle a été sa dame d'honneur. Francky est venu consolider notre relation et depuis nous sommes une famille. Un an plus tard, nous avions déménagé à Toronto, et Gody et leur fille sont venus nous rendre visite, ce que j'ai interprété comme le moment où les deux amies de toujours, Gody et Estelle, ont dû faire leurs adieux. Gody est la marraine de Kayla et de Shayna, et bien que nous vivons dans des pays différents, nous sommes en contact permanent. Elle est la tante que Kayla et Shayna connaissent comme une sœur de leur mère ; jusqu'à récemment, elles pensaient qu'elle était la sœur de sang de leur mère. C'est le pouvoir de la véritable amitié.

Nouveaux Amis

L'apôtre Jean a écrit une lettre dans le Nouveau Testament, à l'intention des personnes qu'il aimait, et il leur a souhaité de prospérer à tous égards comme prospère leur âme (3 Jean, chapitre 1, verset 2). Alors que je traversais une période de perte et de deuil, la vie n'a jamais cessé de faire prospérer mes relations. J'ai compris que l'une des façons de mesurer la prospérité est par le niveau de santé et la qualité de relations que l'on entretient. Les relations peuvent acheter ce que l'argent ne peut pas acheter, et elles peuvent apporter de la consolation dans les moments difficiles.

Lorsque nous avons déménagé au Canada, nous n'avions pas d'amis proches dans le nouveau pays où nous nous étions embarqués ; tout ce que nous connaissions été resté en Europe. Je me souviens que deux semaines après notre arrivée à Toronto, Kayla nous a demandé pourquoi nous avions passé deux week-ends sans que personne ne nous rende visite, ou que nous ne rendions visite à personne. Tout était étrange et nouveau pour nous tous. Nous avions quelques amis et connaissances à travers le Canada, mais nous ne connaissions personne dans la ville. En fouillant dans mes courriels, j'ai repris contact avec un couple d'amis de Corée du Sud, Byeong et Su-Jund, que nous avions rencontrés aux Pays-Bas. Nous avons repris contact et ils nous ont introduits à l'église qui est devenue notre église locale.

Sociable comme je le suis, j'ai commencé à engager la conversation avec les personnes que je rencontrais ; je les invitais chez nous et, dans certains cas, je m'invitais chez elles. Ce fut le début de nouvelles amitiés qui sont devenues aussi fortes que la famille.

Andrew et Barbara Bukuru - Nous avons rencontré la famille Bukuru à l'église, alors que nous marchions dehors après le service. J'ai vu un groupe de personnes qui semblaient venir de la région de l'Afrique centrale et orientale. Je me suis approché d'eux et je me suis présenté, ainsi que ma famille. Je leur ai demandé d'où ils venaient, et il se trouve qu'ils venaient d'Ouganda. Nous avons échangé nos numéros de téléphone, et ce fut le début de notre amitié. Andrew et Barbara sont devenus nos premiers véritables amis que nous nous sommes faits à Toronto. Nous avons commencé à organiser des réunions de famille dans nos maisons ; à partir de là, nous avons rencontré d'autres amis que je décrirai ci-dessous. Lorsque l'imprévu s'est produit, je me souviens de leur avoir envoyé un texto et, dans les heures qui ont suivi, ils étaient avec nous à la maison. Andrew a fait l'éloge funèbre lors du service que nous avons tenu ici à Toronto avant de se rendre au Rwanda pour les cérémonies de retour. La famille Bukuru est avec nous depuis le jour où nous nous sommes rencontrés en 2016 jusqu'à aujourd'hui, et nous sommes toujours impliqués dans la vie des uns et des autres en tant que véritables amis. Leur amitié a été un grand soutien lorsque j'ai commencé à recoller mes morceaux après que ma lumière soit partie. Ce sont les personnes avec lesquelles nous célébrons nos petites victoires.

Dr Denis et Peace Semwogerere - Nous avons rencontré Denis et Peace chez Andrew et Barbara en 2017, et nous sommes immédiatement devenus des amis proches. Quelques mois plus tard, nous avons accueilli les deux familles chez nous, et le reste appartient à l'histoire. C'est une famille qui aime vraiment et qui apprécie d'accueillir un tas de gens chez elle. Chaque fois que nous nous rencontrons, que ce soit chez eux ou chez nous, nous partons au plus tôt vers 3 heures du matin. Quelques semaines avant le décès d'Estelle, nous leur avions rendu visite, et nous avions tous fait un tour dans leur camionnette, pour faire des achats pour notre maison. Ils avaient prévu, sans que nous le sachions, de nous emmener dans les villes de Mississauga et d'Oakville pour des visites portes ouvertes. Lorsque je leur ai envoyé un texto pour leur dire que l'imprévu était arrivé, ils sont immédiatement venus et sont restés avec nous contre vents et marées. Denis fait partie de ces amis qui posent vraiment des questions et s'assurent de savoir que tu vas bien. Il rend la conversation simple et profonde à la fois. Ce couple a été présent à chaque étape importante que nous avons franchie, et nous continuons à célébrer nos petites victoires ensemble. Peace et Denis m'inspirent tous les deux et m'enseignent le sens de la douceur - des personnes très accomplies qui reflètent un sens de la douceur et un amour authentique qui vous laissent dans l'émerveillement - vérifiant si j'ai équilibré mon approche. Je suis à jamais humble et reconnaissant de vous avoir dans ma vie.

Pasteur Maombi Lisa - Maombi est ma nièce maternelle, que j'ai eu l'occasion de voir une fois en 1998, lorsqu'elle a fui la guerre à Kinshasa et est venue à Kigali. Sa mère, ma cousine, l'apôtre Domitila, est une icône mondiale. Elle est la personne vivante qui est morte pendant quatre jours et qui est revenue à la vie. Je connaissais ma cousine mais je n'avais aucune relation avec ma nièce, Maombi. Je l'ai vue une fois lorsque nous avions déménagé au Canada, et la fois suivante, c'est lorsqu'ils sont venus nous voir après le décès de Princesse. À partir de ce jour, Maombi est devenue ma confidente ; nous avons pleuré ensemble et elle a embrassé ses cousines - mes filles - et elles se sont identifiées à elle comme leur sœur de confiance et, dans une certaine mesure, elle est une figure maternelle pour elles. Maombi est devenue plus qu'une nièce, elle est devenue ma meilleure amie. Nous partageons nos luttes et célébrons nos victoires. Elle a traversé la perte avec grâce et patience à nos côtés, pourtant elle n'a jamais eu la chance de rencontrer ou de connaître Estelle en personne. Un ami est fait pour l'adversité. Merci Yaya.

Pamela Mutijima - Pamela est une nouvelle amie, sœur et confidente que j'ai gagnée vers la fin de l'année 2020. Pamela me connaissait depuis le décès de Princesse, par l'intermédiaire de sa tante, qui est mariée à mon beau-oncle, l'oncle paternel de Princesse. Elle a assisté à toutes les cérémonies et m'avait très probablement saluée mais nous ne nous connaissions pas. Nous nous sommes rencontrés à l'automne 2020 et sommes effectivement devenues amis. Sa famille, ses enfants et son mari nous ont tous adoptés comme faisant partie de leur famille. Pamela est cette amie têtue qui a le don de l'écoute. Son amitié est l'une des meilleures rencontres que Dieu a placées sur notre chemin, et elle a apportée tant de joie à nos cœurs en deuil. Elle sait quand affirmer et faire ressortir ce qu'il y a de meilleur en toi. Je me souviens de la fois où elle m'a surprise en me remettant un prix pour me remercier d'avoir joué mon rôle de père et d'ami auprès de nombreuses personnes. Elle m'a fait comprendre que même lorsque nous doutons de nous-mêmes, les petites choses que nous faisons ont de l'importance et peuvent faire la différence. Elle est mon amie pour toujours.

Il est impossible de nommer chacun de ceux qui ont eu un impact sur notre voyage à travers les relations d'amitié. Mes trois amis de toujours et les nouveaux amis pour la vie que j'ai gagnés avant et après le décès de ma lumière, sont les personnes dont je sais, au-delà de tout doute raisonnable, qu'elles répondront à mes appels à n'importe quelle heure de la journée, de n'importe où dans le monde. Ce sont les amis qui me tireront d'affaire en toutes circonstances. Leurs amitiés, leur amour et leur patience inébranlables ont constitué des épaules solides et fiables sur lesquelles je me suis appuyé alors que je continuais à recoller les morceaux, quand je traversais le deuil et ma quête d'un avenir plein d'espoir.

Ils sont une représentation des nombreux amis à travers le monde que j'ai eu l'occasion de connaître et de parcourir la vie ensemble tout au long de ma vie. Vous avez tous joué un rôle essentiel dans la formation et, plus encore, dans le maintien de mon équilibre de vie après la perte de mon autre moitié. Je ne pourrai pas nommer chacun d'entre vous ; néanmoins, je chéris votre amitié. Vous m'avez aidé à devenir une meilleure personne grâce à nos rencontres.

Vous m'avais aidé à comprendre et à apprécier encore plus le pouvoir d'une véritable amitié.

Devoirs Familiaux Et Sociaux

Je suis, par mon éducation, une personne de famille et de communauté. J'ai été élevé pour me battre et m'efforcer de défendre mes valeurs familiales, qui, lorsqu'elles sont préservées, reflètent les valeurs de ma communauté et de ma culture. Nous réussissons ensemble et nous relevons aussi les défis ensemble. J'ai grandi dans une communauté très proche et soudée où les enfants étaient élevés par l'ensemble du village. Comme je l'ai mentionné dans le premier chapitre, mon père était un noble leader de la communauté. Lorsqu'il est décédé, bien que je n'aie pas beaucoup de souvenirs de cet événement, toute la communauté s'est réunie pour aider et a continué à jouer un rôle important dans nos vies après lui.

Ayant quitté mon village à un très jeune âge et traversé de multiples cultures, je ne comprends toujours pas parfaitement tous les rituels culturels, en particulier lorsqu'il s'agit de questions familiales. Même si je suis très attaché à ma culture et à ses valeurs, je me trouve souvent en conflit avec la façon dont les choses sont faites ou censées être faites du point de vue de ma culture. Lorsque je suis devenu veuf, la tension culturelle est devenue plus palpable, car ma vision de la vie différait dans une certaine mesure de celle de ma famille et de ma communauté. Cela ne veut pas dire qu'il y a quoi que ce soit de mal dans les rituels de ma culture, loin de là. Il s'agit plutôt de réaliser à quel point ma vie a été façonnée par d'autres cultures et d'autres expériences auxquelles j'ai été exposé. Il y a des habitudes et des normes que j'ai désapprises au fur et à mesure que j'en adoptais de nouvelles. Beaucoup de ces conflits culturels se sont accentués lorsque j'ai dû élever les bébés en tant que parent seul.

De plus, bien que je sois le deuxième plus jeune de huit frères, j'ai assumé très jeune des responsabilités familiales. Cela a ajouté beaucoup de pression sur mes épaules, car je savais l'effet domino que mon effondrement aurait sur toute ma famille, et en particulier sur ma mère dans ses vieux jours. Au début, j'ai eu beaucoup de mal à trouver le bon équilibre pour faire mon deuil, tout en aidant ma famille à faire le sien et, en même temps, en continuant à jouer mon rôle et à assumer mes responsabilités familiales. Ce n'était pas facile du tout. Je savais à quel point mes frères et ma mère souffraient à cause de ma situation ; cela me mettait une telle pression que je devais garder mes émotions à l'intérieur, de peur de les blesser. Grâce à une communication ouverte et transparente, ils m'ont peu à peu compris et ont continués à parcourir le sentier ensemble et en harmonie.

Ma famille s'inquiétait également de plus en plus de mon bien-être et de ma capacité à élever seul mes filles. Dans leurs préoccupations, qui étaient très valables, ils ont eu recours à l'approche culturelle, ce qui ne correspondait pas toujours à mes vues et mon contexte de vie. J'avais évolué vers un mode de vie indépendant, ce qui, dans ma situation de parent seul avec les filles, pouvait fortement peser sur mon bien-être. J'étais pris entre la nécessité de répondre aux attentes culturelles et familiales et celle d'aborder ma nouvelle vie comme je l'entendais.

J'ai atteint un point où je devenais moins patient. Parfois, j'avais l'impression de ne pas être bien compris lorsqu'ils évoquaient mon cas lors de nos réunions de famille. Certaines pratiques culturelles entraient en conflit avec mes croyances et principes personnels. Je me suis rendu compte que je devais prendre des mesures et garder constamment mon état d'esprit sous contrôle. Au cours de ma vie, par le biais de l'éducation, du travail et de la vie, j'ai été exposé à différentes normes de vie, qui m'ont toutes façonné et changé. Toutes les dynamiques en jeu nécessitaient un recalibrage, surtout de mon côté. C'était à moi de m'asseoir sur le siège du conducteur pour aider ma famille à faire face au nouveau voyage de la vie dans lequel nous nous étions tous embarqués. Grâce à ce changement d'état d'esprit, à l'amour qui nous unit et à la faveur accordée dans ma vie, nous avons recommencé à goûter à la joie.

Je me suis engagé, avec l'aide de ma famille et de mes proches, à remplir mes obligations sociales : apporter ma contribution dans les affaires familiales, y compris payer les frais de scolarité de ceux qui sont dans le besoin, et continuer à vivre collectivement au lieu d'être isolé. Cela va très loin lorsque vous n'arrêtez pas de vivre à cause des adversités rencontrées. La vie a beaucoup plus de sens lorsqu'elle est vécue ensemble, même dans l'ombre du chagrin.

Je n'aurais pas pu faire face aux émotions intenses du processus de deuil sans ma famille et mes amis proches à mes côtés. Je n'aurais pas pu supporter la douleur insupportable et lourde de la perte de mon autre moi sans le soutien de ma communauté sociale et religieuse. Je n'aurais pas été capable de nourrir et d'élever mes bébés sans la faveur et le soutien de ma famille et de mes amis proches. Je n'aurais pas pu exceller et accomplir mes tâches professionnelles sans l'espoir qui illumine le chemin de notre vie. Je n'aurais pas survécu à la perte de ma lumière si je n'avais pas mis ma foi dans la lumière qui brille plus fort que les étoiles.

Prise De Décision

La prise de décision est le processus le plus difficile que traverse une personne en deuil. Qu'il s'agisse de décider de la façon de mener chaque activité au quotidien ou de prendre la décision d'aller de l'avant dans la vie, tout devient flou. Vous devenez moins confiant et incertain à chaque pas que vous faites dans la vie. Dans mon cas, cela faisait 14 ans, jour après jour, que je n'avais pris aucune décision de vie par moi-même. Depuis le jour où nous avons commencé à nous fréquenter et tout au long de notre vie de couple, nous avons pris toutes les grandes décisions ensemble, qu'il s'agisse des finances, de la famille, des relations, des investissements ou de nos engagements spirituels.

Après que Princesse soit passée de l'autre côté de l'éternité, je me suis senti si peu sûr de moi en ce qui concerne mon processus de prise de décision. Il m'était devenu si difficile d'identifier si ce que je faisais était la bonne direction ou non. Même lorsque je savais que j'agissais comme nous l'avions prévu, il y avait toujours une voix au fond de ma tête qui doutait de ce que je faisais. Je n'étais plus sûr de savoir quand je devais dépenser ou combien je devais dépenser. Quand il s'agissait d'élever les filles, je me suis tellement interrogé sur le fait de savoir si j'inculquais les bonnes valeurs ou non, surtout parce que ce sont des filles. Je pense toujours que je vois les choses à travers les lentilles d'un homme, et cela crée un énorme poids de doute dans mes pensées.

J'ai commencé à revisiter ce que nous avions l'habitude de faire, la façon dont nous procédions pour mettre en œuvre certaines décisions, et les étapes que nous avons franchies. Le défi de cette approche est que la vie change et que les circonstances évoluent avec le temps. L'approche qui a donné des résultats en 2018 ne mènera pas nécessairement aux résultats escomptés en 2023, non pas parce qu'elles sont mauvaises en tant qu'approches, mais plutôt parce que les circonstances de la vie ont évolué au fil du temps. Les enfants grandissent aussi ; les bambins sont maintenant des préadolescents et des adolescents, alors comment m'adapter sans ma lumière pour valider et conseiller ou remettre carrément en question l'approche.

Il n'y avait pas de solution unique, alors j'ai maintenu le cap. J'ai fait de mon mieux pour me concentrer sur l'état actuel, en faisant un pas à la fois et en m'assurant qu'aucune perturbation majeure n'était introduite en cours de route. Avec l'aide de Dieu, des amis et de la famille, nous avons lentement avancé. La vie a continué à se développer autour de la douleur, la peine est devenue plus supportable et la vie a commencé à devenir plus douce, avec un espoir éclairé pour l'avenir.

L'une des plus grandes leçons que j'ai tiré de tout cela a été de prendre la vie une étape à la fois, de faire de la place à l'échec et d'être conscient du processus d'apprentissage. Le fait de voir des résultats, même lorsque tu as douté de ton processus, te console et te motive à aller de l'avant. Je continuerai à apprendre tant que la vie continuera.

Amour Comme Outil Facilitateur !

Je me suis demandé, et je me demande toujours, pourquoi j'ai autant souffert dans ma vie. Pourquoi les gens souffrent-ils en général ? Bien que je ne sois pas un expert en la matière, en parlant d'expérience, je suis arrivé à un point où j'ai retourné la question et l'ai redirigée vers moi-même. Je n'arrêtais pas de demander pourquoi, mais je n'obtenais pas de réponse logique, alors j'ai changé d'avis et je me suis demandé pourquoi pas ?

Lorsque nous aimons une personne, à première vue, nous avons l'impression qu'elle est irréprochable et infaillible. Nous ne voyons pas ses défauts ou la possibilité qu'elle ne soit pas à la hauteur. En même temps, nous sommes parfaitement conscients que la personne que nous aimons tant peut éventuellement tomber malade ; elle peut tomber et se casser un os, ou n'importe quoi peut lui arriver. Pourtant, en raison de l'amour que nous avons pour cette personne, nous nous engageons, et nous l'aimons vraiment.

Il en va de même pour les parents. Nous souhaitons et prions pour les fruits de notre amour, qui sont nos enfants, en sachant très bien que les enfants que nous élevons, peuvent être victimes de brimades à l'école. Ils pourraient tomber malades et passer une nuit à l'hôpital. Même si nous n'y pensons pas activement, d'une manière ou d'une autre, inconsciemment, nous savons qu'ils pourraient mourir.

Tous ces défis très connus, évidents et possibles ne nous empêchent pas de prendre ces décisions uniquement sur la base de l'amour que nous leur portons. Nous nous marions et nous permettons à nos femmes de traverser tant de douleurs pendant l'accouchement à cause de l'amour que nous avons pour les enfants que nous élèverons. Les épouses endurent volontairement les douleurs atroces de l'accouchement au nom de l'amour.

Alors que ces exemples me venaient à l'esprit, j'ai répondu à la question « pourquoi pas moi » : « Grâce à l'amour, je peux traverser la douleur et finir par voir la lumière de l'autre côté ». Cette prise de conscience a été un puissant catalyseur dans ma vie quotidienne. Je suis blessé et j'ai le cœur brisé, mais je ne suis pas écrasé au point de ne pas continuer à vivre la vie que j'ai et à profiter des nombreuses bénédictions qui s'y trouvent. L'amour ne s'arrête pas à la mort ; au contraire, ses souvenirs deviennent la base solide sur laquelle nous continuons à construire l'avenir. C'est parce que j'ai aimé et que j'ai été profondément aimé que je suis en mesure d'écrire ce mémoire et que j'ai hâte de continuer à vivre efficacement ma vie avec un but précis jusqu'à la fin de mes jours.

J'ai recollé les morceaux de ma vie, et mes fondations sont profondément enracinées. Le mal guérit !

"Quand quelqu'un te montre qui il est, crois-le dès la première fois".
~Maya Angelou~

Chapitre 9

Qui Était Estelle ?

Comment était Estelle, en tant que personne et amie pour beaucoup ? Quels étaient son caractère, sa personnalité, ses valeurs, ses croyances et les principes selon lesquels elle vivait sa vie ? J'ai demandé à quelques personnes qui l'ont connue de façon plus approfondie de partager leurs points de vue sur la façon dont elles l'ont connue. Je crois qu'en faisant cela, on obtient une image plus précise de ses souvenirs. En fait, je leur ai demandé d'écrire leurs témoignages sans même révéler le titre du livre, ni le message qu'il contient, pour m'assurer de ne pas influencer leur contenu. Mon objectif en ne révélant pas le concept du livre avant qu'elles ne donnent leurs points de vue était, d'une part, de leur donner l'occasion de partager leur histoire, car je sais qu'elles ont une histoire à raconter ; d'autre part, je voulais minimiser et, dans la mesure du possible, éliminer tout préjugé qui pourrait surgir de mon côté. Oui, je peux ouvertement - et j'espère y être parvenu tout au long de ce mémoire - parler d'Estelle en tant qu'épouse et des expériences de vie que nous avons partagées. Cependant, lorsque je parle d'elle en tant que personne, je me suis dit qu'il serait utile que ceux qui ont eu la chance de la courtiser y contribuent également. C'est pourquoi je serai bref.

Caractère Et Personnalité

Alors que la personnalité représente ce que la personne est, dans son ensemble, le caractère représente l'éthique, la morale, les attitudes et les croyances de la personne. Estelle était caractérisée par la plus grande forme d'intégrité et d'honnêteté. Elle était la même personne en privé et en public. Elle était incapable de prétendre être quelqu'un qu'elle n'était pas. En plus d'être ma femme, elle a été la première personne à m'illustrer le sens de l'intégrité. Elle était très honnête dans ses relations et dans ses paroles.

En plus de son sens de l'intégrité et de l'honnêteté, Estelle était loyale et généreuse, à un point tel qu'elle inspirait la sécurité à tous ceux qui l'approchaient. Elle faisait très attention à ne pas trop s'engager dans beaucoup de choses ou à ne pas faire de promesses ; mais lorsqu'elle le faisait, rien ne pouvait la faire changer d'avis ou revenir sur son engagement. Lorsqu'elle m'a dit qu'elle m'épouserait, elle a également précisé que ce n'était pas pour une période d'essai : « Je suis là pour la vie, et tu peux compter sur ma loyauté, indépendamment de ce qui arrive ». Elle était fidèle à ses amitiés et ne se plaignait jamais de personne. Elle était loyale et intègre.

Estelle était une personne très généreuse. Estelle était capable d'identifier de manière proactive les besoins dans la vie des gens avant qu'ils ne le fassent eux-mêmes, et elle trouvait des moyens créatifs de répondre à leurs besoins sans le faire savoir. Dans la plupart des cas, elle voulait rester anonyme ou organiser des surprises avec une équipe et ne jamais se montrer comme l'initiatrice. Je connais de nombreuses familles qu'elle a aidées à retrouver leur romance perdu et à raviver leur mariage. Elle identifiait les personnes qui ne jouaient pas leur rôle comme elles le devraient dans le mariage, leur donnait des idées sur la façon de bien traiter leur conjoint et, dans de nombreux cas, leur fournissait les moyens financiers pour faciliter le processus, puis elle se retirait pour que le conjoint en action reçoive le crédit.

Elle a toujours voulu que notre famille soit généreuse, et elle m'a effectivement appris à l'être. Elle veillait à ce que de nombreuses personnes viennent partager des repas avec nous, presque tous les week-ends. Elle était généreuse par définition. Depuis que j'ai rencontré Estelle, et jusqu'au dernier jour de sa vie, elle veillait à ce que tout ce qu'elle découvrait de nouveau - nouvelle lotion, maquillage, nouvelle recette, etc. - elle en parlait à ses amies. Si tu demandais aux dames qui la connaissaient, elles te diraient que chaque fois qu'elle voyait une bonne affaire quelque part, elle s'assurait que tous ses proches le sachent. Je me souviens que lorsque nous avons déménagé au Canada, elle organisait des vidéoconférences avec ses amies et partageait avec elles les nouvelles recettes de cuisine ou les produits de toilette qu'elle avait découvert ici. Elle me faisait dépenser de l'argent pour ces produits et les envoyer en express aux personnes que nous connaissions en Europe. Je peux vraiment dire qu'elle a planté en moi une graine de générosité.

Valeurs, Convictions Et Principes

Estelle était une femme aux convictions et aux principes forts, bâtis sur les valeurs les plus élevées, telles que le respect, l'hospitalité, l'amour, la joie et le bonheur authentique. Elle croyait fermement aux normes familiales. Estelle croyait fermement et sans honte à l'Évangile de Jésus ; elle vivait sa foi en action et influençait gracieusement de nombreuses vies. Elle avait également des principes forts qui ont guidé sa vie et m'ont aidé à développer les miens. Estelle ne mesurait pas sa valeur en fonction des possessions matérielles ; elle savait qui elle était et vivait en toute confiance en fonction de cela, que nous ayons assez ou que nous manquions. Je me souviens qu'elle portait toujours la même robe lorsque nous n'avions pas les moyens, et elle ne s'en est jamais plainte, pas plus qu'elle n'a fait de compromis en toute circonstance, avant ou après notre mariage. Elle n'a pas non plus eu à renoncer ou à modifier ses convictions profondes pour me plaire en tant que mari, avant ou après le mariage. Ce en quoi elle croyait est resté constant pendant les 14 années qu'elle a passées dans ma vie.

Estelle aimait et respectait également les gens dans leurs différents niveaux de vie - pauvres, riches, jeunes et vieux - elle accordait à chacun le respect qui lui était dû. Pendant les quatorze années où je l'ai courtisée, en fréquentation et en couple, je n'ai jamais entendu de rumeurs sur les mauvaises relations d'Estelle avec les gens. Elle ne plaisantait pas avec la vie et ne prenait pas à la légère tout ce qui impliquait son nom. Et cela s'appliquait à sa famille ; elle veillait, en tant qu'épouse, à ce que je respecte ma parole. Je lui dois ma transformation, et pour la vie. Elle veillait à ce que chaque mot qu'elle prononçait, chaque action qu'elle entreprenait et chaque mouvement qu'elle faisait, soit assaisonné de grâce pour bénir et influencer positivement ceux qui interagissaient avec elle, les membres de sa famille, ses amis et les inconnus.

Estelle était belle, à l'intérieur comme à l'extérieur ; elle était d'une beauté dévastatrice. On dit que la beauté est un terme relatif, ce que je ne conteste pas ; cependant, lorsque l'apparence extérieure de la beauté est combinée à un cœur pur, l'aspect relativité de la beauté perd sa pertinence. Estelle avait un cœur pur. Estelle était belle physiquement, et avec cela, non pas parce qu'elle était ma femme, je peux témoigner, droit et fier, qu'elle était belle.

Estelle priait beaucoup. Elle priait pour tout ce à quoi tu peux penser. Elle priait même avant d'allaiter les bébés ; elle remerciait Dieu pour la grâce qu'elle avait reçue de donner naissance et d'être capable de produire du lait maternel pour nourrir le bébé, puis elle allaitait. Elle priait même avant d'essayer une nouvelle paire de chaussures qu'elle avait achetée. Au cours des deux dernières années de sa vie avec nous, de 2016 à novembre 2018, elle avait pour habitude de prendre une semaine par mois pour se déconnecter et passer du temps à prier. Lorsque je lui ai demandé quelles étaient ses requêtes de prière, elle a répondu en disant qu'elle voulait simplement passer plus de temps avec l'amour de sa vie, Jésus le fils de Dieu. Elle prenait également chaque vendredi soir comme nuit de veillée pour prier seule dans le salon. Je la rejoignais pour quelques heures seulement, puis je partais me coucher. Je me sentais en sécurité et invincible chaque fois que j'allais travailler pour subvenir aux besoins de notre famille, car j'étais fortement soutenu et profondément aimé. Lorsqu'elle est partie, vous pouvez imaginer à quel point les fondations semblaient instables.

Enfin, Estelle était sage. Je peux affirmer sans honte que grâce à sa sagesse, je suis devenu une meilleure personne, un meilleur ami, un bon père pour nos filles et un bon mari pour elle pendant les neuf années où j'ai eu le privilège de vivre avec elle. Chaque fois que j'ai ignoré ses sages conseils, j'ai fini par en subir les conséquences et par perdre du temps ; mais chaque fois que j'ai cédé à sa sagesse, les résultats ont été incontestables et ce, en peu de temps. Je ne savais pas à quel point ma lumière avait brillé dans de nombreuses vies. Elle a conseillé tant de gens, qui sont venus lui rendre hommage lorsqu'elle est décédée.

Si je devais décrire Estelle en un mot, ce serait SAGESSE !

J'ai promis d'être très bref dans ce chapitre, alors je vais vous laisser lire ce que les personnes qui ont connu Estelle comme une amie proche et un membre de la famille ont à dire.

Etienne Et Apolline - Qui Était Estelle Pour Nous !

Étienne Ruvebana - La première chose qu'il me faudrait noter, c'est que l'exercice qui consiste à écrire un seul texte sur Estelle n'est pas facile pour moi. Ce n'est pas parce qu'il n'y a pas grand-chose à écrire sur elle. C'est plutôt principalement parce qu'il est impossible d'écrire quoi que ce soit sur Estelle sans être émotionnellement épuisé et vidé. Il y a beaucoup de choses à écrire sur elle, et il est difficile de choisir ce qu'il faut écrire et ce qu'il ne faut pas écrire. De plus, écrire sur elle alors qu'elle n'est plus est un exercice douloureux et extrêmement triste, qui rend les mots difficiles à assembler.

Deuxièmement, Il est Important De Savoir Comment J'ai Fait La Connaissance D'estelle.

J'ai rencontré Estelle pour la première fois en 2006, pendant mes études de maîtrise à l'université de Groningen, aux Pays-Bas. Je l'ai rencontrée par l'intermédiaire de Willy Gakunzi Makuza, qui étudiait également dans la même université. Je connaissais Willy depuis quelques années, lorsqu'il résidait encore en Afrique. À cette époque, à Groningen (2006), Willy vivait avec John Kinyoni, que j'ai également rencontré à ce moment-là. Ils vivaient dans la même maison. Estelle leur rendait régulièrement visite, avec d'autres amis, et j'ai eu l'occasion de bien connaître Estelle.

Comment Ai-Je Connecté Avec Estelle De Manière Individuelle ?

Apprendre à bien connaître Estelle n'a pas pris beaucoup de temps. Nous avons rapidement tissé des liens et nous sommes devenus comme des frères et sœurs très proches. Elle m'a rapidement appelé son frère et je l'ai appelée ma sœur, et nous avons vécu en fonction de cela. Willy était aussi un très bon ami, tout comme John. Comme Willy semblait sortir avec elle à ce moment-là, je l'appelais mon beau-frère, et j'ai continué à le faire même après qu'il l'ait épousée en 2009. J'ai eu le privilège d'assister à leur mariage en 2009. À cette époque, je préparais mon doctorat à l'université de Groningen. Comme je vivais aux Pays-Bas pour mes études, notre interface physique, virtuelle et numérique était régulière puisqu'ils ont continué à résider aux Pays-Bas également. Même lorsqu'ils ont déménagé à Anvers en Belgique plus tard, rien n'a changé. Lorsque ma famille m'a rejoint aux Pays-Bas, ma femme Apolline Kampire et ma fille Vanessa Uwimanzi ont été chaleureusement accueillies et facilement intégrées à la relation solide de notre trio familial, c'est-à-dire « Willy- Estelle », « John-Darlene » et nous. Estelle a joué un rôle déterminant pour rendre cela possible.

Mais Qui Était Estelle Si Je Devais La Décrire En Quelques Mots Et Quelques Lignes ?

C'est une question délicate à laquelle je vais tenter de répondre avec le risque de ne pas pouvoir trouver les mots exacts pour la décrire avec précision sans diminuer ce qu'elle était.

Pour commencer, Estelle était un symbole d'amour. Depuis que j'ai appris à la connaitre, je l'ai trouvée être une personne aimante. Bien sûr, il y a d'autres personnes aimantes que j'ai rencontrées. Mais ce qui était spécial et unique chez Estelle, c'était sa façon de l'exprimer et de le montrer. En la voyant, que ce soit chez elle ou en tant que visiteur, elle vous montrait de l'amour à l'état pur. Et elle vivait de cet amour. Par exemple, dans toutes les conversations que j'ai eues avec elle, elle ne manquait jamais l'occasion de me dire qu'elle m'aimait, que ce soit lors d'une conversation en face à face, d'un appel téléphonique, de Skype ou de WhatsApp.

Être une personne aimante impliquait d'être une personne très attentionnée, avec un cœur chaleureux et accueillant. Avant de rédiger ce texte, je me suis replongé dans certaines des conversations que j'ai eues avec elle. Dans la plupart de cas, c'est elle qui entamait la conversation. Cela signifie qu'elle faisait en sorte d'être informée de nos allées et venues. Son cœur avait toujours soif de savoir comment nous allions très régulièrement.

De plus, Estelle était une personne civilisée mais d'une manière modeste et humble qui la rendait capable d'accommoder n'importe qui. C'est toujours une très bonne combinaison que beaucoup de gens n'ont pas la chance d'avoir.

De plus, Estelle était une personne authentique et honnête. Chaque fois que tu avais une conversation avec elle, elle montrait la vraie image d'elle-même. Tu ne douterais pas d'un seul mot qu'elle prononcerait puisqu'elle était vraiment une vraie personne, pas une prétentieuse, quelles que soient les circonstances. Elle parlait avec son cœur, et tu voyais la vérité dans ses paroles et ses actes. En tant que telle, j'ai trouvé en elle une personne extraordinairement loyale et fiable, ce qui est difficile à trouver chez beaucoup d'autres. Il est rare de nos jours d'avoir une personne à l'âme aussi pure. C'est pourquoi elle a laissé en moi un vide qui ne pourra jamais être comblé.

Et elle avait une attitude agréable de telle sorte que tu étais toujours comblé lorsqu'elle était là. Elle avait le sens de l'humour, et elle faisait en sorte que les gens autour d'elle ressentent sa présence lorsqu'elle était là, et que son absence leur manque lorsqu'elle n'était pas là.

Et en fait, avec l'attitude ci-dessus, elle était aussi généreuse dans son foyer chaleureux. Dans notre culture, il n'est pas courant de féliciter quelqu'un qui fournit de la nourriture, des boissons ou autres. Mais en même temps, c'est une très bonne valeur pour quelqu'un d'avoir des mains généreuses et d'être ainsi capable de bien s'occuper des gens qui l'entourent à la maison (qu'il s'agisse de visiteurs ou non). C'est pourquoi, chaque fois qu'il y avait une personne qui était autrement, elle était connue de tous comme telle, et les gens venaient à peine chez elle. Chez Estelle, elle manifestait toujours chaleureusement le désir d'offrir quelque chose, et ce quelque chose était servi avec amour et sans crainte de s'appauvrir.

Il peut sembler excessif de dire qu'elle était une personne qui aimait sa famille nucléaire au plus haut point. Pour certains, cela peut sembler naturel et donc s'apparenter à une évidence. Quoi qu'il en soit, il convient de noter qu'elle le faisait de telle sorte que tout le monde voyait que leur couple/famille avait des piliers solides. Il était inébranlable. Elle aimait et respectait son mari d'une manière très nostalgique. Et elle plaidait toujours en sa faveur, même en son absence. Je me souviens qu'un jour, j'ai eu une longue conversation avec elle. Et il y a une chose que notre ami John et moi avions l'habitude de nous plaindre de Willy (son mari), mais bien sûr de façon taquine.

Estelle m'a dit : « Étienne, mon frère, je veux te dire une chose. Je connais très bien mon mari Willy. S'il y a une chose dont je suis certaine, c'est qu'il t'aime. Et ça, c'est sûr et certain, sans aucune plaisanterie. » Bien sûr, je n'avais pas le moindre doute sur l'amour de Willy pour moi/nous, mais j'ai été tellement touché par la façon dont elle a témoigné en sa faveur d'une manière aussi authentique et aimante. La façon dont elle l'a fait aurait effacé tout doute, si j'en avais eu. Cela montre à quel point elle avait compris que les piliers d'une relation forte dans un couple incluent l'amour. Mais cela indique aussi comment elle avait compris que ce qui rend une relation forte inclut le fait d'avoir des valeurs fortes. Estelle avait de bonnes valeurs inébranlables. Cela a été une source d'inspiration sur la façon de construire une relation forte dans un couple. L'exemple que j'ai noté plus haut montre en partie comment elle s'attachait à donner une bonne image de son mari. Willy est quelqu'un de très bien. Mais comme d'autres, il n'a pas atteint le niveau de la perfection. Pourtant, je n'ai jamais, au grand jamais, entendu Estelle le critiquer auprès des autres. Cela signifie qu'elle avait aussi compris que les secrets sont une valeur forte et un pilier solide pour construire une relation solide.

Laissez-moi simplement dire que son caractère et son attitude ont fait d'elle une personne que je trouvais digne de mon amitié et de ma fraternité à tout moment. En effet, même après avoir quitté les Pays-Bas et être retourné dans mon pays d'origine, le Rwanda (après avoir terminé mon doctorat en 2014), la distance n'a pas affecté le rythme de notre interaction. Il en a été de même, même après qu'elle ait plus tard déménagé au Canada avec sa famille.

Puis vint son décès soudain le 8 novembre 2018, survenu à Toronto, au Canada, où elle résidait avec son mari Willy et leurs deux filles Kayla et Shayna. Avec nos liens très forts, on pourrait se demander comment la mort soudaine d'Estelle m'a impactée.

Le matin du 9 novembre 2018, j'ai reçu un appel de mon ami John Kinyoni. C'était très tôt dans la matinée. Lorsque j'ai décroché, j'ai entendu John qui
hurlait. Cela m'a fait extrêmement peur et m'a rendu complètement confus. Bien
sûr, je sentais que quelque chose de terrible s'était produit. Pourtant, je n'aurais
jamais pu imaginer qu'il puisse s'agir de quelque chose qui soit lié à Estelle. Je
n'arrêtais pas de demander : « John, John, John, John, dis-moi, qu'est-ce qui s'est
passé ? » Puis je l'ai entendu mentionner Estelle, mais juste son nom. Alors j'ai
aussi commencé à crier, avant même qu'il m'en dise plus. Comme je continuais
à lui poser des questions, il a ensuite réussi à me transmettre la triste nouvelle
qu'Estelle était décédée. Je ne trouve pas les mots pour décrire à quel point j'étais
dévasté. C'était extrêmement douloureux. J'ai pleuré sans arrêt et je suis devenu
extrêmement faible, physiquement et émotionnellement. Bien que je ne puisse
pas décrire cette douleur de façon beaucoup plus précise, voici un paragraphe
que j'ai réussi à écrire alors que je pleurais dans mon lit toute la journée. Je lui
ai adressé ces quelques mots et j'ai posté ce paragraphe sur mon mur Facebook
le lendemain :

« Chère Estelle, notre charmante amie, notre charmante sœur, notre charmante
tout court. Incroyablement, tu es partie dans des circonstances aussi tragiques
et soudaines. J'aurais aimé avoir la chance de voir un signe ou une indication que
tu nous quittais si tôt. Bien sûr, je n'aurais pas pu faire grand-chose. Mais j'aurais
pu au moins te répéter à quel point les membres de ma famille et moi-même t'aimons. C'est la seule façon dont nous aurions pu te dire au revoir. Nous n'avons
pas pu te montrer la quantité d'amour que nous avons eue pour toi de la même
manière que tu l'as fait. Ton amour et ta façon de le montrer ont été uniques.
Tu étais un ange. Ton cœur était si pur, si chaleureux, si englobant et capable
de vraiment donner de la joie à tout le monde, et c'est au-delà de ma croyance
que ce même cœur ne peut plus donner de souffle. Tu étais l'une des personnes
les plus humaines et les plus agréables que j'ai connues dans ma vie. Ta vie a été
bien vécue, mais elle a été extrêmement courte. Je n'ai pas du tout réussi à accepter
que je ne reverrai plus ton visage souriant, que je n'entendrai plus ton rire unique

et que je ne sentirai plus ton cœur aimant. Nous sommes privés de te voir profiter de la vie avec ton mari Willy et tes jeunes enfants, avec nous, à bien des égards. Si j'avais la possibilité de poser quelques questions à Dieu, je lui poserais légitimement beaucoup de questions sur toi et sur le plan qu'il a pour ton mari, vos deux jeunes enfants et chacun d'entre nous. Nous ne pouvons pas te dire au revoir, Estelle. Nous pouvons seulement dire que nous t'aimons et que nous t'aimerons toujours, et nous te remercions immensément pour la vraie personne que tu as été pour nous. Ton tout dernier statut de profil sur ton WhatsApp, avec une photo de moi et de toute ma famille (que je ne peux pas m'empêcher de regarder), fera toujours partie des divers souvenirs que nous avons de toi. »

C'est le peu que je pouvais dire avec la profonde agonie de la perte que je vivais. Elle restait dans mes pensées, et la tristesse était encore plus grande chaque fois qu'il y avait une occasion de parler d'elle. Par exemple, le jour de son anniversaire (le 16 mars), je lui consacrais quelques mots. Voici une série d'exemples :

Le 16 mars 2020, j'ai écrit ceci sur mon mur Facebook :

« Un jour comme celui-ci (le 16 mars), il y a des années, un bébé ange est né. Elle a grandi et vécu avec impact et a contribué à créer d'autres vies. Cette date a toujours été célébrée avec bonheur comme son anniversaire de naissance. À un moment donné de son très jeune âge (nov. 2018), cependant, Dieu (nous dit-on) a décidé de lui reprendre son âme, sans préavis et sans raison à un si jeune âge. Nous avons essayé de faire face à la réalité de la vie sans elle autour de nous, mais le trou en nous est resté non comblé. À la date (aujourd'hui) où elle a été ramenée sur Terre, nous n'avons personne à qui dire joyeux anniversaire. Néanmoins, nos cœurs sont reconnaissants à ses parents, qui ont amené une telle personne sur Terre (et à nous). De même, nous la remercions encore et encore pour la vie heureuse qu'elle a vécue (avec un cœur pur plein d'amour, d'intégrité, d'honnêteté, de compassion...). Nous réitérerons toujours notre amour à cette charmante sœur Estelle Gatera Gakunzi (qui repose désormais en paix). Nous aimons également la famille qu'elle a laissée, c'est-à-dire Willy et les petites Kayla et Shayna. »

Et le 16 mars 2021, j'ai noté ceci sur mon Facebook :

« Le 16 mars !!!! Nous étions heureux que tu viennes à la vie ; tu as donné la vie et le bonheur, adorable sœur. Tu es à jamais aimée et tu nous manques. »

Et à l'occasion de son anniversaire en 2022, j'ai noté quelque chose en français. Je ne suis pas poète, mais cette fois, j'ai pensé à écrire quelque chose qui se rapproche d'un poème dans une autre langue, le français. C'est une autre langue dans laquelle j'aime dédier quelque chose à quelqu'un que j'ai aimé :

« Il fut un moment dans le temps où celui qu'on considère comme étant l'Être suprême avait eu l'idée de créer l'un parmi les êtres semblables à lui. A travers ses mécanismes ordinaires cela a eu lieu à une date précise et mémorable. Ce fut un moment extraordinaire car les éclats de lumière que sa présence/vie a donné en illuminant sur tous ceux qui lui ont été proches ont été brillants au point de s'imposer à la vue de toute personne et cela compte tenu de leur qualité inimaginable. Il est communément dit que 'tout ce qui brille n'est pas Or'. Mais dans le cas d'espèce ceci est paradoxalement tant vrai que faux. C'est (littéralement) vrai car les éclats de cet être ont évidemment brillé alors que cet être n'était pas de l'Or (bien qu'ils aient brillé de loin plus que l'or, et donc pas comme de l'or car sa valeur est incomparablement Supérieure à tout ce qui a de la valeur matérielle). Mais c'est aussi faux car l'ironie qui est dans ce langage commun ne s'applique pas à cet être ; étant donné que ce dernier a été incontestablement plus que ce qu'on pouvait s'attendre à un être dont certains croyaient être ordinaire. Que tout ce que nous ne pouvons pas comprendre à travers les moyens ordinaires nous le comprenons par voie divine. Que du bonheur à l'être à qui la référence est faite et que de la foi et de l'espérance à tous ceux qui lui sont chers à jamais. Que la date à laquelle la référence est faite ait toujours son sens et sa valeur. Etienne »

Compte Tenu De Ce Qui Précède, On Pourrait Se Demander Comment J'ai Fait Face À Cette Perte, C'est-À-Dire Comment J'ai Réussi À Faire Mon Deuil.

Cette question est difficile et lourde en elle-même. Et la réponse à cette question est encore plus lourde. La perte d'Estelle a eu raison de ma joie à bien des égards, et le chagrin reste frais. Ce qui peut paraître étrange, c'est que plus les années passent, plus j'ai besoin d'Estelle dans ma vie. Je suis incapable d'expliquer pourquoi.

Lorsque Willy était en train de créer la FondationHow (Heart of Worship in Action Foundation) en tant qu'initiative à la mémoire d'Estelle, il m'a demandé si j'accepterais d'en faire partie en tant que membre de son conseil d'administration. J'ai répondu positivement. Non seulement je souhaitais participer à tout ce qui concerne Estelle, mais je pensais aussi que cela allait être une source de thérapie pour moi. Mais je me suis rendu compte plus tard que j'avais donné la mauvaise réponse à la mauvaise question. En fait, la question n'aurait pas été de savoir si j'étais d'accord ; la question était de savoir si j'étais capable. Et la réponse à cette question était que je ne l'étais pas. En effet, plus je m'engageais dans cette fondation (après sa création), plus je ressentais une angoisse profonde, jusqu'au point où j'ai dû mentionner ouvertement à Willy que c'était extrêmement difficile pour moi.

Même en écrivant ce texte, je pensais qu'il allait être thérapeutique.

Mais ce n'est pas le cas.

Je pense, et c'est mon dernier mot sur cette pièce, qu'Estelle faisait partie de ma vie. Et tant que je vivrai, elle fera toujours partie de ma vie. Je pensais que je me remettrais de ce chagrin, mais je me suis rendu compte que rien ne peut l'effacer. Tout ce dont j'ai besoin, c'est de savoir comment vivre avec ce chagrin aussi longtemps que je vivrai. La seule chose que je devrais demander à Dieu, c'est de m'aider à la voir dans une autre vie à un moment donné.

Apolline Kampire - J'ai vu Estelle pour la première fois en 2011, lors de ma première visite à mon (alors futur) mari, Étienne, aux Pays-Bas. Mais elle m'avait parlé plusieurs fois au téléphone depuis 2010, avant que je ne la rencontre. J'étudiais alors aux Philippines, mais Étienne m'avait présenté à elle (ainsi qu'à Willy, John et Darlene). C'est à la même époque que j'ai rencontré Willy, John et Darlene, les meilleurs amis de mon (alors futur) mari. Mais ils avaient l'habitude de me parler au téléphone car nous ne vivions pas dans le même pays. J'étudiais aux Philippines et ils vivaient aux Pays-Bas.

Je vais essayer de décrire comment j'ai trouvé Estelle, c'est-à-dire la personne qu'elle était. J'ai trouvé en Estelle une femme qui craint Dieu, une bonne épouse, une bonne mère, une bonne fille, une bonne sœur, une meilleure amie, une conseillère et une consolatrice. Elle était une personne si précieuse.

Comme mentionné plus haut, c'est en 2011 que j'ai visité les Pays-Bas, et que j'ai rencontré Estelle, Willy, John et Darlene. J'ai facilement établi un lien avec Estelle en raison de sa chaleur et de sa générosité.

J'ai lu un jour quelque part qu'il y a 5 catégories de personnes pour lesquelles nous devrions toujours être reconnaissants. La première est la catégorie des personnes qui s'inquiètent pour toi. La deuxième est la catégorie des personnes qui peuvent te corriger lorsque tu as tort. La troisième est la catégorie des personnes qui se soucient de toi. La quatrième est la catégorie des personnes qui aiment te voir sourire. Et la cinquième est la catégorie des personnes qui te disent la vérité même si cette vérité peut te blesser. Ma chère grande sœur Estelle m'a fait tout cela, notamment en me disant la vérité, que cela me plaise ou non. Je me souviens qu'après avoir commencé à parler au téléphone lorsque j'étais aux Philippines, mais avant de nous rencontrer physiquement, il y a eu une fois où j'ai posté quelque chose sur Facebook. Elle m'a appelée et m'a dit : « Apolline, malgré ton âge, tu dois te rappeler que tu as changé de statut.

Tu es maintenant fiancée. Et si j'étais toi, je ne ferais pas ce post ». Ça a tout de suite fait un déclic dans ma tête, et j'ai dit : « Oui, laisse-moi supprimer le post ». Dans mon cœur, j'ai dit qu'il était vraiment rare de voir comment quelqu'un pouvait être aussi gentil et me dire une vérité aussi importante avant même que nous nous soyons rencontrés. Elle était tellement heureuse que je l'ai écoutée, et elle m'a dit : « Apolline, ndagukunze kurushaho « , ce qui signifie : « Apolline, je t'aime encore plus. « Depuis ce jour, je savais que j'avais une amie sur laquelle je pouvais compter. J'aurais aimé lui dire à quel point cela m'avait touchée.

Une autre chose qui mérite d'être soulignée à propos d'Estelle, c'est qu'elle était si créative. Ses délicieuses recettes et les surprises étonnantes qu'elle réservait à sa famille et à ses amis étaient exceptionnelles. Ses décorations et sa propreté étaient uniques, et son ton de voix et son rire étaient si purs.

J'ai pu observer comment elle faisait passer les besoins des autres en premier afin de s'assurer que tout le monde était heureux. C'était une artisane de la paix. J'ai appris de ses actions. En fait, je dirais qu'elle vivait et que je regardais.

En ce qui concerne notre relation de couple, elle a été tout simplement extraordinaire. Estelle m'a accueillie dans ce voyage de la vie conjugale et de la maternité. Elle prenait toujours de nos nouvelles. En particulier, je me souviens que lorsque j'étais enceinte, elle m'envoyait toujours un SMS pour me demander comment j'allais, surtout au cours du dernier trimestre. Par exemple, le jour où j'ai donné naissance à mon fils Sheja (soit 3 jours avant la date prévue), Estelle m'a envoyé un SMS le matin, vers 8 heures du matin me demandant : « Comment vas-tu ? des changements, des douleurs ? Quelque chose d'inhabituel ? » Je lui ai répondu que j'avais mal au bas-ventre. J'ai dit que j'avais peut-être faim. Mais elle m'a dit qu'il fallait que je fasse attention et que je surveille, car il pouvait s'agir de contractions. Et oui, elle avait raison. Il s'agissait bien de contractions. Elles sont devenues si intenses par la suite que je n'ai pas pu continuer à communiquer avec elle dans les heures qui ont suivi. J'ai accouché à 15 heures le même jour. Estelle a assuré le suivi autrement. Elle était tellement attentionnée. La longue distance n'était rien pour elle quand il s'agissait de se soucier de ses proches et de tout le monde en général.

Une semaine avant son décès, je ne me sentais pas bien. J'étais anxieuse et j'avais mal au dos. Mais comme j'avais un nouveau-né (qui avait alors 3 semaines), je pensais qu'il était normal de se sentir ainsi. Mais encore une fois, je me suis demandé pourquoi cela ne s'améliorait pas mais plutôt s'aggravait. Je ne savais pas que j'attendais d'entendre de si mauvaises nouvelles.

Le matin du 9 novembre 2018, vers 5 heures, j'ai vu l'appel manqué de John. J'ai pensé qu'il m'avait peut-être appelé par accident. Je n'ai pas pris la peine de le rappeler tout de suite ; j'allais le rappeler vers 7 heures, mais il avait aussi appelé mon mari, et mon mari l'a rappelé avant moi. C'est vers 6 heures du matin que nous avons appris la nouvelle dévastatrice du décès d'Estelle.

Quand j'ai entendu cela, j'ai eu tellement de questions en tête. Pourquoi Estelle ? Qu'allait-il arriver à son mari et à ses belles jeunes filles ? Je n'avais pas de réponse. J'ai dit que seul Dieu le savait. J'ai dit que j'étais sûre que le Dieu qu'elle avait servi toute sa vie aurait de bons projets pour ses proches.

J'ai toujours pensé dans mon esprit que j'aimerais être près de la famille d'Estelle pour pouvoir gâter les membres de la famille qu'elle a laissée. Mais ensuite, je me dis que malgré la longue distance (du Rwanda au Canada), je ferai de mon mieux pour être là chaque fois qu'ils auront besoin de moi, pour leur apporter mon soutien d'une manière ou d'une autre et pour être la meilleure tante de ses filles, pour les guider à chaque étape de leur vie. J'ai aimé Estelle, je l'aime et je l'aimerai toujours.

John Et Darlene - Qui Était Estelle Pour Nous !

John - En septembre 2016, j'ai déposé Willy, Estelle et les enfants (Kayla et Shayna) à l'aéroport de Bruxelles et je les ai vus partir vers le Canada, où Willy venait d'être muté par son entreprise pour gérer un gros projet pour leur client à Toronto. Estelle a été la dernière à me saluer avant qu'ils n'embarquent. Sur le chemin du retour, je me suis retrouvé à sangloter de façon incontrôlable dans la voiture. J'ai dû faire d'innombrables adieux dans ma vie, mais pour une raison ou une autre, celui-ci m'a semblé le plus lourd de tous. Parfois, je me demande ce que j'aurais dit à Estelle ce jour-là si j'avais su que c'était la dernière fois que je la verrais de ce côté-ci de l'éternité !

Avant de rencontrer Estelle en 2004, je connaissais Willy depuis longtemps. Non seulement nous étions devenus des amis proches, mais je considérais Willy comme un petit frère pour moi. Nous avons suivi le même programme d'études à la même université (Université de Groningen) et partagé le même appartement. À un moment donné, notre appartement est devenu si populaire que certains amis l'ont appelé l'ambassade des étudiants africains à Groningen. Mais notre appartement n'était pas seulement ouvert aux étudiants africains ; nous étions ouverts à tous, en particulier aux réunions d'étude biblique HOST (Hospitality for Overseas Students) qui se tenaient chaque semaine. Des relations et des amitiés solides sont nées de ces réunions d'étude biblique.

Entre-temps, nous avons rencontré Estelle. Ils n'ont pas attendu longtemps avant de commencer à sortir ensemble. Mais en raison de leurs valeurs chrétiennes, tous deux ont mis des règles strictes à leur relation. Ce que nous n'avions pas réalisé à l'époque, c'est à quel point Estelle avait placé la barre haut pour protéger cette relation et sa propre réputation. Willy et moi avons un jour essayé de la convaincre de nous rejoindre à Groningen pour poursuivre ses études, mais elle a refusé l'idée. Elle ne voulait pas déménager à Groningen, de peur que la proximité avec son fiancé ne crée un résultat indésirable ! Estelle était devenue comme une sœur pour moi aussi. J'étais donc très en colère contre elle lorsqu'elle a refusé nos conseils. Mais étant ce qu'elle était, ses valeurs et sa réputation comptaient plus que tout.

Ma relation personnelle avec Estelle ne dépendait pas du fait qu'elle sorte avec Willy. Elle était plus forte que cela. Estelle était vraiment devenue une sœur pour moi. Selon certaines personnes, il y avait en fait une certaine ressemblance physique entre nous - peut-être parce que nous étions tous les deux grands et maigres à l'époque (oh, comme j'en étais fier !), et nous plaisantions à ce sujet, surtout en taquinant Willy, et parfois nous nous présentions même à de nouveaux amis comme frère et sœur, et ils nous croyaient ! Faire la connaissance d'Estelle a été pour moi comme une prière exaucée. Je me suis toujours demandé ce que cela ferait d'avoir une sœur dans mon entourage. Je n'avais jamais eu l'occasion d'avoir une sœur (du même sang). Avec Estelle, j'ai appris ce que c'était que d'avoir une sœur près de soi. Nous pouvions rire, pleurer, chanter, danser, nous disputer, nous aimer et nous « détester », comme un vrai frère et une vraie sœur.

Les choses sont devenues encore plus excitantes lorsque Darlene et moi avons entamé notre relation. C'était quelques mois seulement avant le mariage de Willy et Estelle. J'étais (logiquement) en charge des préparatifs de leur mariage, et ma mission était de faire en sorte que la cérémonie ne ressemble à aucune autre. C'était le mariage de mon frère et de ma sœur ! Et je peux être fier de dire que c'était la meilleure cérémonie de mariage que j'ai jamais vue ! L'un des moments forts de la cérémonie a été la chanson « What a Friend I've Found », que nous avons chantés tous les quatre (Willy, Estelle, Darlene et moi). Deux ans plus tard, c'était au tour de Willy et Estelle de prendre la responsabilité d'organiser notre cérémonie de mariage.

Quelques années plus tard, nous avons tous déménagé en Belgique à la recherche de meilleures opportunités de carrière.

Les premières années en Belgique ont été difficiles pour nos deux familles, car il a fallu plus de temps que prévu pour que Willy et moi fassions décoller nos carrières professionnelles. Mais le fait d'être ensemble a permis à nos deux familles de traverser facilement les moments difficiles. La foi d'Estelle et son attitude positive permanente nous ont permis de ne pas baisser les bras. L'un des plus grands dons d'Estelle était d'écouter et d'observer, en particulier lorsqu'un ami traversait une période difficile. Elle savait exactement quand il fallait parler, quand il ne fallait pas le faire et quand il fallait simplement écouter. Elle vous regardait et remarquait immédiatement que vous passiez une mauvaise journée, et que vous le vouliez ou non, elle vous faisait parler. Darlene et moi n'oublierons jamais le jour où nous avons décidé que c'en était assez ; j'allais quitter la Belgique et aller ailleurs pour chercher du travail (même si nous ne savions pas vraiment où !). Estelle et Willy se sont radicalement opposés à cette décision. Le lendemain matin, Willy a passé un coup de fil à leur directeur des ressources humaines. Plus tard dans la semaine, j'ai été invité à un entretien d'embauche qui allait devenir la porte d'entrée de ma carrière professionnelle dans l'informatique.

En raison de différents événements de la vie, elle avait fait une pause dans son parcours d'études. Heureusement, lorsqu'ils sont arrivés au Canada, la première chose qu'elle a faite a été de reprendre ses études. J'étais fier qu'elle ait choisi de suivre un programme dans le domaine du développement de logiciels, ce qui signifiait qu'elle rejoignait mon domaine. Et donc, nous avons eu beaucoup de choses à nous dire pendant toute la durée de son programme de formation. Parfois, Willy se « plaignait » même de nos longs appels. Elle a terminé son programme d'études avec succès. La veille de l'obtention de son diplôme, nous avons eu un long appel et elle m'a demandé ce qui allait me mettre en colère puisque je ne pouvais plus l'être contre elle, maintenant qu'elle avait terminé ses études. Je ne sais pas si je lui ai dit assez clairement à quel point j'étais fier d'elle. Ce que je ne savais pas, c'est que cet appel allait être notre dernier avant qu'elle n'obtienne son diplôme pour l'éternité ! Deux jours plus tard, nous avons reçu un appel de Willy qui allait changer notre vie à partir de ce moment-là. Estelle luttait pour sa vie aux soins intensifs ! Nous avons prié, pleuré et supplié Dieu de ne pas la prendre, mais tout le monde (Dieu y compris !) aime avoir le meilleur avec lui. Quelques minutes plus tard, Estelle n'était plus là !

Il n'y aura jamais de mots pour exprimer à quel point le décès d'Estelle a été et est encore difficile à vivre. J'ai vu partir des centaines d'amis proches et de membres de la famille, mais celui-ci était unique à tous points de vue.

Darlene - J'ai rencontré Estelle pour la première fois à l'église. À l'époque, elle faisait partie de la chorale et avait une voix merveilleusement belle. Lorsque plus tard, j'ai également rejoint la chorale, j'ai appris à la connaître de plus en plus. Elle était très douce et gentille avec moi, Willy aussi. J'étais le plus jeune membre de la chorale à l'époque, et Willy et Estelle étaient toujours là pour moi. Je me suis rapprochée d'Estelle lorsque mon mari John et moi avons commencé à sortir ensemble. Estelle, Willy et John étaient des amis très proches. Estelle veillait toujours à ce que je me sente à l'aise dans cette étroite amitié et que je ne sois pas la cinquième roue du carrosse. Lorsque John et moi nous sommes mariés, nous étions devenus si proches que je ne voyais aucune autre personne qui aurait pu être ma dame d'honneur.

Même lorsqu'elle était loin, au Canada, la distance n'a pas diminué la façon dont Estelle m'a montré son amour. Je me souviens encore du jour où Estelle m'a appelé pour me demander si j'allais bien. En effet, je n'allais pas bien. Aujourd'hui encore, je ne sais pas comment Estelle a pu le savoir. Avoir une sœur qui pouvait sentir mes émotions de loin est l'une des choses qui me manquent depuis que Estelle est partie.

Chère sœur, nous venons d'avoir le privilège d'écrire quelques lignes sur ce que tu es pour nous ; cependant, aussi irréalisable que soit cette tâche, tu étais et tu es toujours la lumière que nous portons en nous. S'il pouvait y avoir une consolation pour nos cœurs en deuil, ce serait de te faire savoir que nous t'aimons toujours et que nous chérissons les souvenirs partagés de ce côté-ci de l'éternité ! Tu restes une sœur dont tous les frères et sœurs rêveraient, une fille que tous les parents seraient bénis d'avoir, et une amie dont le sourire était contagieux pour tous ceux qui ont croisé ta présence.

Jusqu'à ce que nous nous retrouvions pour la fête éternelle ensemble, nous t'aimons !

Claudine Gatera - Qui Était Estelle Pour Moi !

En 1982, mes parents ont accueilli leur cinquième enfant. En tant que deuxième de la lignée, j'étais assez âgée pour comprendre ce qui se passait. Ma deuxième sœur est née, et elle a été spéciale dès le jour où elle a vu le soleil. Elle était spéciale au point que nous l'avons surnommée Dada (sœur), comme si elle était la seule fille de la famille. Elle est venue après moi et mon autre sœur, Pauline, mais pour une raison que je n'ai pas comprise, nous avons décidé de l'appeler Dada. Plus tard dans ma vie, j'ai réalisé à quel point Estelle était spéciale en observant la façon dont elle vivait sa vie.

Estelle était si paisible, même lorsqu'elle était bébé. Son sourire était contagieux, et tout le monde à la maison, même les visiteurs, voulait tenir ce beau bébé paisible que nous avions eu la chance d'avoir. Elle a grandi en voulant aider les autres ; même lorsque nous jouions entre frères et sœurs, elle nous faisait toujours passer en premier. Elle était plus heureuse chaque fois qu'elle parvenait à rendre les autres heureux.

À l'adolescence, Dada a développé une forte passion pour la prière. Elle priait pour nous tous et s'assurait de nous faire savoir qu'elle priait pour nous. Elle était devenue un pilier solide et la personne à qui l'on s'adressait pour obtenir des conseils. La sagesse de Dada dépassait son âge et même son niveau d'éducation. Elle était mon lieu de repos et ma confidente, même si elle était très jeune.

La beauté de Dada, à l'intérieur comme à l'extérieur, était incomparable. Ce qui la rendait si belle, ce n'était pas seulement son apparence physique, c'était son cœur aimant, qui reflétait un sentiment de paix, d'acceptation et de confiance que nous ne pouvions pas comprendre. Dada s'assurait que nous allions tous bien. Elle nous faisait rire par ses blagues et son sourire contagieux. C'est ce qui la rendait si belle.

Je me souviens que le jour même de sa transition, nous étions en train de discuter dans notre groupe familial. Il était tard ici à Kigali, mais c'était encore l'après-midi à Toronto où elle se trouvait. Elle nous a envoyé un message et, comme elle le faisait toujours, elle l'a conclu par ceci : « Imana Ibarinde », ce qui signifie « Dieu vous protège ». Oui, nous avions l'habitude de lire cela tous les jours de sa part, mais celui-ci venait comme une prière spéciale pour nous qui devions rester. Elle ne voulait pas partir sans confier sa famille aux mains protectrices de Dieu. C'est à cela que nous nous raccrochons alors que nous poursuivons le voyage après elle. Je t'aime, Dada !

Dans ce chapitre, auquel quelques amis ont contribué, j'ai voulu vous donner un aperçu de la personne qu'était Estelle. Il y a des personnes que nous rencontrons dans la vie et dont la mission est d'avoir un impact sur nous d'une manière que nous ne pouvons pas rester les mêmes. Estelle était cette personne pour moi. Son impact a dépassé mes limites en tant qu'épouse. Lorsque je médite sur les raisons pour lesquelles elle m'a influencé comme elle l'a fait, comme elle l'a fait pour beaucoup d'autres, je ne cesse de me demander quel aurait pu être le secret de sa personnalité. Je crois fermement qu'elle a découvert une sauce secrète qui a illuminé sa vie, au point qu'elle a pu en partager les effets avec tant de personnes qui l'ont rencontrée. Passons au chapitre suivant, où je discute de la source de ma LUMIÈRE.

"La vérité finira par triompher là où il y a des douleurs pour la mettre en lumière".
~George Washington~

"Quand les fondements vacillent, que peut bien faire l'homme droit ? L'éternel est dans son saint temple, l'éternel a son trône au ciel, de ses yeux il observe : il sonde les humains."
- Psaume 11, versets 3 et 4

Chapitre 10

Psaume 11 - Quand Les Fondations Sont Détruites

Je réalise maintenant que ma lumière et mon père ont passé les deux dernières années de leurs vies de la même manière - ils ont tous deux passé les deux dernières années de leurs vies dans le même état d'esprit. Tous deux ont passé deux ans à prier intensément, se privant de sommeil et d'autres plaisirs de la vie, et pourtant ils n'ont manqué de rien de tangible. Je me suis toujours demandé si ces deux personnes spéciales de ma vie avaient quelque chose en commun. Qu'est-ce que mon père et ma femme avaient découvert qui les poussait à se consacrer à la prière avec ferveur ? Se pourrait-il qu'ils aient su que leur heure était proche et qu'ils aient voulu investir dans l'avenir de ceux qui leur survivraient ? Je crois fermement que, même s'ils ne savaient peut-être pas exactement comment et quand leur heure viendrait, leurs âmes le savaient avec certitude. Et parce qu'ils avaient reçu cette lumière qui brille plus fort que les étoiles, ils se sont pliés à sa volonté et ont préparé le chemin pour que nous puissions y entrer grâce à leurs prières.

"La prière est le seul messager que vous pouvez envoyer dans votre avenir ; lorsque vous y arriverez, il vous attendra à la porte de votre avenir et vous y introduira."

Je me suis posé tellement de questions lorsque mon amie, ma femme, ma partenaire, mon amour, etc. est décédée. J'ai remis en question ma foi en un Dieu qui tient ses promesses et entend les prières. Je me suis demandé pourquoi je devais m'accrocher à ma foi en un Dieu qui m'a apparemment laissé tomber, en permettant à la mort d'emporter la personne la plus chère à mes yeux et à ceux de mes enfants. Était-il impuissant à guérir, ne pouvait-il pas faire de miracles ? Comment un Dieu aimant qui répond aux prières a-t-il pu laisser une telle chose nous arriver, à moi et à mes deux filles ?

Où Était Dieu ?

Pendant ma période d'interrogation, je me consacrais encore à la prière et à la lecture de la Bible parce que je voulais faire valoir mes arguments auprès de Dieu. Mon père est décédé alors que je n'avais que deux ans et, par conséquent, j'ai manqué beaucoup de choses dans la vie que tout enfant mérite d'avoir. Je n'ai jamais eu quelqu'un à appeler Papa, une blessure qui s'est refermée quand je suis devenu un . Alors, j'ai plaidé ma cause et j'ai voulu que Dieu m'explique comment il pouvait être aussi insouciant pour nous faire vivre la même expérience, à moi et à mes filles.

Dans ma quête de réponses, j'ai été frappé par ce court psaume, plus précisément par deux versets, 3 et 4. Mes fondations avaient été détruites. J'ai réalisé et compris que dans cette vie, les fondations peuvent être détruites. L'auteur de ce psaume ne s'est pas demandé si les fondations pouvaient être détruites, mais il a plutôt posé une question sur l'attitude que l'on doit avoir lorsque les fondations sont détruites. Il nous donne une déclaration factuelle selon laquelle il y aura des moments où les choses iront dans des directions opposées, et il reconnaît aussi indirectement que nous nous interrogerons sur les actions à entreprendre.

En poursuivant ma lecture, l'auteur ne s'est pas contenté de nous laisser sur cette déclaration factuelle ; il a également donné des indications sur ce que la personne juste doit faire.

Il nous a donné une vérité éclairante, à savoir que Dieu est toujours sur son trône au ciel, là où il a toujours été, même lorsque les fondations étaient là. En d'autres termes, ces versets me disaient que ma question sur l'endroit où Dieu se trouvait lorsque j'ai perdu mes fondations n'était pas vraiment la bonne question à poser. Lui, Dieu, était et est là où il a toujours été.

Je me suis également rendu compte que Dieu n'était pas inactif, ni pris au dépourvu lorsque je souffrais. Il était sur son trône. Il a observé et examiné mes voies. Il a examiné mon attitude. Il a observé mon comportement. Il a observé ma confiance en lui. La fin de ces quelques lignes me montre que Dieu ne s'est pas contenté d'observer, il a aussi soutenu avant et après coup.

S'abandonner

Lorsque cette vérité choquante m'a frappée, je me suis senti désarmé et impuissant ; il ne me restait plus qu'à me rendre. Je lui ai permis de me modeler, de réparer mon cœur et de me porter à travers mes peines de cœur, ce qu'il a fait d'une manière étonnante. Ce psaume se termine par une autre déclaration puissante selon laquelle le Seigneur est juste ; que je souffre ou que je fasse la fête, sa justice n'est pas affectée par les circonstances. L'auteur poursuit en disant que le Seigneur aime aussi la justice, et que ceux qui sont droits verront sa face. J'en ai conclu que, s'il aime la justice, il est hors de question qu'il me laisse tomber. La question qui subsistait, même si j'étais encore en train de digérer mon deuil, était de savoir comment m'assurer de voir le visage du Seigneur dans ma vie quotidienne. Je voulais m'assurer que toutes mes entreprises étaient soutenues par la grâce et les miséricordes de Dieu. Comment m'en assurer après que mes fondations aient été complètement détruites ? La réponse était de m'abandonner et de me plier à sa volonté. Pour moi, c'est ce que signifie être droit dans ma vie : ne pas m'appuyer sur ma propre compréhension et ma propre force - que je n'avais et que je n'ai toujours pas - mais faire pleinement confiance à ses bons plans.

"Quand je n'ai pas pu retrouver la trace de ses mains en action, j'ai choisi de faire confiance à son cœur aimant. Il ne m'a pas abandonné ni laissé sans assistance."

La Fidélité De Dieu En Action

Si tu m'avais demandé il y a cinq ans de témoigner de la fidélité de Dieu, j'aurais, très probablement, donné une réponse différente, ou j'aurais peut-être même douté de sa fidélité et de ses intentions. La vision et la vue de l'avenir étaient si floues que je ne pouvais pas voir ou sentir l'expression de l'amour et de la fidélité de Dieu. Alors que je souffrais, je ressentais le droit de ne pas accepter le fait que Dieu était toujours fidèle et aimant, même à travers la perte et la douleur qui en découlait. Mon cœur confiant est devenu froid et lourd comme la pierre. J'évitais parfois toute pensée susceptible de rationaliser ou d'essayer de comprendre que le Dieu d'amour était toujours de mon côté.

Inutile de dire que Dieu a été fidèle. J'ai vu et vécu la fidélité de Dieu en action. Alors que j'écris cette section, je me rappelle à quel point la vie a été agréable avec mes bébés. Je les ai vus grandir en taille et en sagesse. J'ai vu à quel point elles sont résilientes. J'ai vu à quel point elles sont axées sur l'avenir. J'ai vu à quel point leurs vies étaient animées. Sans la miséricorde et la fidélité de Dieu, nous aurions perdu le fil et nous aurions peut-être cédé au désespoir.

De grandes étapes ont été franchies dans la vie des deux jeunes filles laissées à l'éducation d'un père inexpérimenté. Aidés par Dieu, nous avons tous les trois profités des bénédictions qui découlent du même Dieu qui habite dans son lieu saint, observant et examinant nos voies. Kayla vient de terminer son école primaire et Shayna est à mi-chemin. Qui aurait pu me convaincre, il y a cinq ans, qu'un jour elles seraient toutes deux indépendantes et capables de prendre des décisions avec moi. Qui aurait pu me convaincre qu'un jour nous célébrerions la remise des diplômes de Kayla avec autant de joie et d'attentes pour l'avenir ?

Je peux vraiment dire que Dieu a été fidèle. Je peux témoigner sans honte que nous avons été aidés par Dieu.

La Lumière

Il doit y avoir une lumière pure, vraie et puissante qui éclaire les lumières naturelles que nous voyons avec notre vue. Cette véritable lumière ne peut être vue que par des yeux non physiques, et c'est pourquoi, lorsque nous rencontrons des personnes qui illuminent notre vie, nous ne voyons pas cette luminosité avec nos yeux physiques. Nous interprétons l'impact de cette lumière pure d'un point de vue différent, de l'intérieur. Nous comprenons quel est le véritable sens de notre vie grâce au reflet de cette lumière dans leur vie.

La lumière est définie comme un agent naturel qui stimule la vue et rend les choses visibles. Selon cette définition, deux mots clés font de la lumière un événement puissant. Elle stimule la vue, ce qui signifie que même s'il y a une vue, sans que la lumière ne la stimule, elle n'apportera pas grand-chose. Le second est qu'elle rend les choses visibles. L'existence des choses ne se traduit pas nécessairement par leur visibilité. Lorsque la lumière arrive, les choses invisibles sont rendues visibles, et la vue ne peut les voir que lorsqu'elle est stimulée par le pouvoir de la lumière. La lumière ne se contente pas de stimuler la vue et de dévoiler l'invisible, elle apporte aussi la compréhension en éclairant nos esprits. Lorsque la lumière véritable et authentique illumine notre vie, nous comprenons le monde matériel d'un point de vue éclairé.

Cette lumière est également traduite comme étant la connaissance, la sagesse et la compréhension. Le sage a écrit dans Proverbes 24, verset 3 : « C'est par la sagesse [habile et pieuse] qu'on bâtit une maison [une vie, un foyer, une famille] ; c'est par l'intelligence qu'on l'établit sur des fondements solides et bons ; c'est par la connaissance qu'on en remplit les racines de toutes les richesses précieuses et agréables ». Lorsque la vraie lumière éclaire les simples, non seulement leur vie est bâtie sur une forteresse, mais leurs magasins sont remplis de richesses agréables - des richesses agréables parce que leurs maisons sont remplies de la paix et de l'épanouissement qui découlent de l'état stable de leur cœur et de leur esprit.

C'est la vie qu'Estelle et moi avons construite ensemble. J'ai eu la chance de partager la vie avec une personne qui avait été éclairée par la lumière qui brille dans l'obscurité et qui ne peut être vue que par ceux qui l'accueillent. Cette lumière est une personne. Lorsqu'elle entre et que nous lui permettons de faire le travail, nous brillons plus fort pour avoir impacter ceux que nous rencontrons. Estelle a eu un impact sur ma vie, non pas parce qu'elle a été créée d'une manière magique, mais plutôt parce qu'elle a vraiment acceptée LA LUMIÈRE. Cette même lumière continue de me porter.

En tant que couple, Estelle et moi avions rencontré la lumière et avions laissé nos vies être guidées par elle. Je sais qu'elle avait été illuminée, et j'ai eu le privilège de comprendre sa valeur. Elle était ma lumière parce que nous partagions l'amour issu de la vraie lumière. Cette véritable lumière ne s'éteint pas lorsque la vie à travers laquelle elle se reflète a cessé d'exister. L'impact demeure et nous donne le pouvoir de continuer à émettre l'énergie dont nous sommes dotés dans nos vies pour illuminer ceux que nous rencontrons. Je continuerai à m'efforcer d'acquérir la sagesse, la connaissance et la compréhension que la LUMIÈRE ne peut que donner.

Que vous trouviez LA LUMIÈRE tout au long de votre voyage dans la vie !

Conclusion

Lorsque la douce lueur de la lumière commence à s'estomper, cela ne signifie pas l'anéantissement total de sa présence, car dans l'étreinte qui s'affaiblit, l'espoir persiste, intrépide. La véritable disparition n'a lieu que lorsque l'espoir s'en va entièrement, laissant un vide d'obscurité perpétuelle. Un tel départ de l'espoir, la pierre angulaire qui allume la lumière à l'intérieur, produit une vie dépourvue de sens et d'essence.

En parcourant les couloirs de ma vie, en particulier après la transition d'Estelle, j'ai découvert la profonde simplicité et la complexité encapsulée dans l'équation de la vie, façonnée par deux variables essentielles : la vérité et l'audace, les faits et l'inconnu. Cette dichotomie, dans ma perception, résume l'ensemble de notre odyssée appelée vie.

Une allégorie apparaît sous la forme d'un jeu d'enfant, « Action ou vérité », où les participants se trouvent à la croisée des chemins. Opter pour la vérité, c'est mettre à nu des réalités sans fard, sans tenir compte de la gravité. À l'inverse, le choix de l'audace consiste à embrasser l'énigme, à s'aventurer dans des domaines inexplorés et à s'aventurer dans des actes jugés invraisemblables dans les limites du commun des mortels.

Ce parcours de vie reflète ces deux facettes. La vérité, la première variable, englobe la tapisserie factuelle et les réalités qui composent notre existence. Cependant, les vérités ne s'alignent pas toujours sur nos récits idéalisés. Les peines de cœur, les pertes, les injustices, les besoins insatisfaits, les désillusions, et les incongruités de l'amour gravent leurs marques indélébiles.

Ces vérités persistent comme des marqueurs immuables, souvent hors de notre influence ou de notre contrôle.

En complément de la vérité, il y a l'audace, l'aventure dans le domaine de l'inconnu. Armé de vérités, s'aventurer dans le paysage nébuleux devient un exploit audacieux. Au milieu de la confusion et du chagrin, c'est un engagement à avancer, en croyant à une illumination cachée. Au milieu des peines de cœur, c'est un engagement à persévérer, à atteindre des rêves lointains. Au milieu de la rupture, c'est la résolution de se relever, de recoller les morceaux avec ténacité et d'allumer une lumière intérieure inattendue qui dévoile la beauté de la vie.

Cette variable d'audace, synonyme d'espoir, affirme que si la vérité a du poids dans l'équation de la vie, elle n'a pas besoin d'être la seule boussole qui nous guide. En rassemblant nos morceaux brisés, en traversant les épreuves dans leur myriade d'intensités, il émerge un voyage qui a un but. En osant avancer, chaque pas supplémentaire pose les fondations d'une force formidable, un édifice gratifié de la beauté née de la persévérance.

Dans les pages de ce mémoire, *Quand la lumière s'estompe, l'espoir demeure*, mon objectif est double : la reconnaissance de l'existence de la vérité dans le tissu de ma vie, associée à la conviction inébranlable que le fait d'oser persister face à ces faits préserve une braise d'espoir rayonnante et inaltérable. J'aspire à ce que les vérités vulnérables dévoilées ici vous encouragent à oser, à aimer et à poursuivre avec ferveur les passions presque étouffées par les peines de cœur.

Chaque étape de votre voyage ajoute à l'éclat que vous portez, dictant la façon dont votre lumière illuminera à la fois votre chemin et ceux que vous rencontrerez. En embrassant le défi, la prochaine bonne étape, l'incandescence de votre lumière croît de façon exponentielle, perçant le linceul des incertitudes.

Que ce mémoire soit une invitation : L'espoir demeure. Aventurez-vous avec un courage audacieux, osez défier l'obscurité et laissez l'éclat de votre lumière intérieure vous guider à travers la mosaïque toujours changeante de la vie.

L'espoir demeure, alors sortez et osez !

A propos de l'auteur

Willy Gakunzi, un père dévoué à ses filles chéries Kayla et Shayna, a eu un parcours remarquable qui a commencé en République démocratique du Congo, sur le haut plateau de Mulenge, dans la région du Sud-Kivu. Élevé au Rwanda, Willy vit aujourd'hui à Toronto, au Canada, aux côtés de sa famille aimante. Il est titulaire d'une maîtrise en économie et commerce international de l'Université d'Utrecht, aux Pays-Bas. Il a également obtenu la certification d'architecte fonctionnel d'entreprise de l'Université d'Anvers et de l'Institut Cefora en Belgique.

Avec plus de 15 ans d'expertise, Willy brille en tant qu'expert en matière de risques bancaires et de réglementation financière. Sa compétence réside dans la mise en œuvre de solutions financières complexes dans le paysage bancaire, guidant les institutions financières à naviguer et à mesurer chaque facette du risque pour calculer leur ratio d'adéquation des fonds propres basé sur le risque (CAR). En reconnaissance de son leadership exceptionnel, Willy a reçu le **prix 2021 CEO Award de Wolters Kluwer**. Sa vie et son parcours professionnel l'ont mené à travers l'Afrique, l'Europe et l'Amérique du Nord, peignant une tapisserie mondiale d'expériences.

Au-delà de ses activités professionnelles, Willy est un philanthrope passionné, profondément engagé dans l'autonomisation des communautés marginalisées par l'acquisition de compétences et l'accès au capital. En 2019, il a créé la fondation HOW (www.howfoundation.org), un véhicule à travers lequel il canalise ses actions caritatives. La musique résonne comme une autre facette des divers talents de Willy - un chanteur et auteur-compositeur avec un album à son nom.

Rendez-vous sur www.WhenLightFadesAwayHopeRemains.com pour télécharger sa dernière chanson, offerte en cadeau aux lecteurs.

L'auteur est disponible pour donner des présentations de premier plan, du coaching sur la façon de surmonter les revers pour maximiser votre potentiel, des discussions de groupe, et du conseil dans les services financiers. Pour connaître les tarifs et les disponibilités, contactez l'auteur directement à l'adresse suivante :

author@WhenLightFadesAwayHopeRemains.com.

Pour commander plus de livres, visitez le site : **www.amazon.com.**

Enfin, si les pages de ce livre ont allumé une étincelle en vous, le plus grand effort que vous puissiez entreprendre est de vous lever, de découvrir la lumière intérieure et, à votre tour, être un phare inspirant pour votre famille, votre communauté et la société. Dans un monde qui aspire à l'espoir et à l'illumination, votre rayonnement peut façonner les chemins et enflammer les cœurs.

www.ingramcontent.com/pod-product-compliance
Lightning Source LLC
Chambersburg PA
CBHW030919090426
42737CB00007B/245